초등 문해력
향상 프로그램
어휘편

어휘가 보여야 문해력이 자란다

문해력 잡는 초등 어휘력

예비 단계 ④

• 예비 초등~초등1학년 •

초등교과서에 나오는 과목별 학습개념어 총망라
★ 문해력 183문제 수록! ★

아울북

모르는 말이 없는데 말귀를 못 알아듣고 문제를 못 풀어요.

자녀의 초등학교 입학을 앞둔 학부모의 가장 큰 고민 중 하나입니다. 이는 낱말과 낱말의 상관관계에 대한 이해, 즉 어휘력과 문해력이 부족해서 생기는 문제입니다. 그래서 '초등학교 공부의 시작은 어휘 공부'라고 해도 과언이 아닙니다.

〈문해력 잡는 초등 어휘력〉 예비 단계는 다음과 같이 체계적인 구성으로 미취학 아동의 어휘력을 키워 줍니다.

› 사고력 훈련
6~7세의 미취학 아동이 전형적으로 경험하는 '현실과 현상에 대한 이름 짓기'를 중심으로 구성했습니다. 특히 아동의 사고 발달에 필수적인 동작 어휘와 동작 어휘의 연관 어휘를 기본 어휘와 확장 어휘에 넣어 사고력 훈련이 되도록 했습니다.

› 언어의 확장 훈련
도입부를 만화로 구성해 어휘 학습을 쉽게 시작할 수 있습니다. 기본 어휘들로부터 비롯되는 확장 어휘들을 다루고, 중요한 우리말 어휘는 물론 관련 기초 한자와 한자어도 소개했습니다.

› 외우지 않고도 기억할 수 있는 워크북
① 현상에서 언어로, ② 바탕말에서 확장어로, ③ 문장 이해에서 문해력 발달로 세 가지 기준에 입각하여 단순히 읽는 책이 아닌 활동하는 워크북으로 만들었습니다. 따라서 외우지 않고도 어휘와 그 뜻을 기억할 수 있습니다.

› 두 달로 마치는 초등학교 입학 준비 프로그램
각 권별로 교과서에 나오는 300~400개의 어휘, 1,500개의 단어가 수록되어 있습니다. 한 개 어휘에 대해서 반드시 3~4회 이상의 반복 학습이 이루어지도록 구성했습니다.

정춘수 기획위원

어휘력부터 문해력까지, 한 권으로 잡기

기본 어휘를 익혀요.

확장 어휘와
한자 어휘를 익혀요.

문제를 풀며
어휘 실력을 다져요.

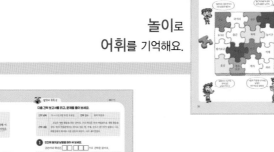

놀이로
어휘를 기억해요.

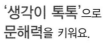

'생각이 톡톡'으로
문해력을 키워요.

와 초능력으로
공부하더니
1등 했구나!

차례

1장

일하다

창작동요제

일하다

일개미와 일벌은 부지런한 일꾼

베짱이는 언제쯤 믿음직한 일꾼이 될까?

6

집을 짓고 먹이를 모으는 개미 •   • 일벌

집을 짓고 꿀을 치는 벌 •   • 일개미

일벌과 일개미는 부지런히 일하는 일꾼.

그럼 일꾼들이 일하는 곳은? 일터.

설거지, 청소같이 집 안에서 하는 일은 **집안일**,

나라를 돌보는 일은 **나랏일**.

소방관 아저씨의 일처럼 남이 하기

어려운 힘든 일은? (궂은일 | 웬일)

엄마가 **집안일** 중이야.

그런데 해야 할 일이 너무 많아.

이런 걸 뭐라고 하지? (   )

① 일거리가 쌓여 있다.

② 일솜씨가 없다.

정답은 ①번. 일거리는 일감이라고도 해.

일

- **일꾼**
  어떤 일을 맡아서 하는 사람.
- **일터**
  일을 하는 곳.
- **집안일**
  집에서 살림을 꾸리며 해야 하는 여러 일.
- **나랏일**
  나라를 돌보는 일.
- **궂은일**
  남이 하기 싫어하는 언짢고 힘든 일.
- **일거리**(= 일감)
  일할거리.

> **정답** 104쪽

일

일하는 사람 일꾼, 일하는 곳 일터
집안일, 나랏일, 궂은일, 일거리

일을 열심히 하는 건
부지런하다.
일을 열심히 안 하는 건
게으르다.

다음 중 게으른 사람에게 어울리는 낱말을
모두 골라 봐.

(애쓰다 | 대충대충 | 빈둥빈둥 | 빈틈없이)

부지런한 사람은 애 써서 빈 틈 없이,
게으른 사람은 빈둥빈둥, 대충대충.

일에는 쉬운 일도 있고 힘든 일도 있어.

쉬운 일은 •   • 수월한 일
힘든 일은 •   • 까다로운 일

혹, 일 안 하면
겨울에 음식을
안 나눠 준대.

어려운 일은 까다로운 일, 고 된 일.

고된 일을 하다 보면 땀이 비 오듯 쏟아져.
구슬처럼 방울방울 맺힌 땀은?

(구슬땀 | 이슬땀)

일하는 모습

- **부지런하다**
  일을 열심히 하다.
- **게으르다**
  일하기를 싫어하다.
- **애쓰다**
  무엇을 이루려고 힘쓰다.
- **빈틈없이**
  엉성하거나 빠뜨리는
  것 없이 야무지게.
- **빈둥빈둥**
  게으름을 피우는 모습.
- **대충대충**
  대강대강 적당히.
- **수월하다**
  일이 쉽다.
- **까다롭다**
  일이 어렵다.
- **고되다**
  일이 힘들다.
- **구슬땀**
  많이 흘리는 땀.

5월 1일은 무슨 날? (   )

① 크리스마스   ② 근로자의 날

그래, 5월 1일은 열심히 일한
엄마, 아빠가 회사를 쉬는
근로자의 날.

열심히 일하는 건 근로,
열심히 일하는 사람은 근로자.
로(勞)는 '일하다'란 뜻이야.

지나치게 일하는 건 과로,
지나치게 일해서
지치는 건 피[ ].

勞
일하다 로

- **근로**(勤부지런하다 근 勞)
  부지런히 일함.
- **근로자**(勤勞 者사람 자)
  근로에 의해 돈을 벌어
  사는 사람.
- **과로**(過지나치다 과 勞)
  지나치게 많이 일함.
- **피로**(疲지치다 피 勞)
  지나치게 일해서 지침.

勤
일 근

일터로 나가다

일터에서 돌아오다

퇴근   출근

근(勤)은 '일'이란 뜻의 한자야.

- **출근**(出나가다 출 勤)
  일터에 나감.
- **퇴근**(退물러나다 퇴 勤)
  일터에서 일을 마치고
  돌아옴.

> **정답** 104쪽

9

1 다음 그림에 대한 설명으로 어울리지 <u>않는</u> 것은? (   )

① 집안일을 하는 엄마.

② 궂은일을 하는 소방관 아저씨.

③ 이슬땀을 흘리며 일하는 베짱이.

④ 일거리가 쌓여 있다.

---

2 다음 중 열심히 일하는 모습과 관계 깊은 낱말에 <u>모두</u> ○표를 해 보세요.

> 대충대충   애쓰다   빈틈없이   구슬땀   빈둥빈둥

---

3 맞는 것에 ○표, 틀린 것에 ×표 하세요.

1) 수월한 일의 반대말은 고된 일이다.   (   )

2) 일거리와 일감은 비슷한 말이다.   (   )

3) 일터에 나가는 걸 퇴근이라고 한다.   (   )

> 정답 104쪽

4 다음 빈칸에 공통으로 들어가는 말을 오른쪽에 바르게 써 보세요.

1) 열심히 일하는 건 근□라고 해.

2) 너무 많이 일하는 건 과□라고 해.

3) 일을 너무 많이 했더니, 몸이 피□해.

---

5 오른쪽 그림과 어울리지 <u>않는</u> 낱말은? (   )

① 일터   ② 일꾼

③ 일요일   ④ 일벌

---

6 다음 빈칸에 있는 글씨를 예쁘게 따라서 써 보세요.

· 남들이 하기 싫어하는 | 궂 | 은 | 일 |도 열심히 하자.

· 이 일은 내가 하기엔 너무 | 까 | 다 |로워.

---

7 다음 빈칸에 알맞은 말을 예쁘게 써 보세요.

 · 일하는 장소는 일□야.

11

만들다

나무로 만들까? 돌로 만들까?

가위나 풀은 재료가 아니랍니다.

어떤 재료로 만들까, 어떤 도구로 만들까.

돌로 된 재료　　·　　　　　·목재·　　　　　·

나무로 된 재료　　·　　　　　·철재·　　　　　·

쇠붙이로 된 재료　·　　　　·석재·　　　　　·

材
재료 재

■ **목재**(木나무목 材)
　나무로 된 재료.
■ **석재**(石돌석 材)
　돌로 된 재료.
■ **철재**(鐵쇠철 材)
　철로 된 재료.
■ **약재**(藥약약 材)
　약을 만드는 재료.

재(材)는 물건을 만드는 재료를 말해.
약을 만드는 재료는 약재.

천은 옷 만드는 재료야.
옷 만드는 재료는 옷감.
불을 땔 때 쓰는 재료는 땔감.
감도 '재료'를 나타내는 말이지.

정직한 사람에게만
보이는 이 천으로
옷을 만들면
정말 멋지실 겁니다.

-감··거리

■ **옷감**
　옷을 만드는 재료.
■ **땔감**
　불을 땔 때 쓰는 재료.
■ **찬거리**
　반찬을 만드는 재료.
■ **국거리**
　국을 끓이는 재료.
■ **이야깃거리**
　이야기를 해 줄 만한 재료.

반찬 만들 때 쓰는 재료는　·　　　　·이야깃거리

국을 끓일 때 쓰는 재료는　·　　　　·찬거리

이야기를 해 줄 만한 재료는　·　　　　·국거리

이처럼 거리도 '재료'를 나타내는 말이야.

> **정답** 104쪽

재료	나무는 목재, 돌은 석재, 쇠는 철재 옷감, 땔감, 찬거리, 이야깃거리

재료만 있으면 뭐 해?

톱이나 망치처럼 물건을 만들거나

고칠 때 쓰는 도구는?

(공구 | 입구)

구(具)는 일을 할 때 쓰는 도구야.

청소할 때 쓰는 도구는 청소 도구,

글씨 쓸 때 쓰는 도구는 필기도 구 .

그럼 '도구'와 비슷한 말은? (기구 | 입구)

기구의 기(器)도 도구를 나타내는 말이야.

농사일을 할 때는 농기구,

싸울 때는 무 기 ,

음악을 연주할 때는 악 □ .

농기구   무기   악기

불을 끌 때

물을 안개처럼 뿌릴 때

물을 깨끗하게 할 때

•

•

•

정수기   분무기   소화기

具	器
도구 구	기구 기

공구(工 만들다 공 具)
물건을 만들 때 쓰는 도구.

필기도구
(筆 붓 필 記 쓰다 기 道具)
글씨를 쓸 때 필요한 도구.

농기구(農 농사 농 器具)
농사일을 할 때 쓰는 기구.

정수기
(淨 깨끗하다 정 水 물 수 器)
물을 깨끗하게 하는 기구.

분무기
(噴 뿜다 분 霧 안개 무 器)
물을 안개처럼 뿜는 기구.

소화기
(消 사라지다 소 火 불 화 器)
불을 끄는 기구.

하하, 엄마는 공작 새를
말씀하신 게 아냐.
도구를 써서 물건을 만드는 게 공작.

작(作)은 '만들다'란
뜻의 한자야.

다 만든 물건은 작품,
음악은 음악 작품,
미술은 미술 작품.

물건을 만들거나 일을 하는 건 작업.

작업하는 장소	•	• 작업모
작업할 때 입는 옷	•	• 작업장
작업할 때 쓰는 모자	•	• 작업복

창 작 동 요 제

저런 창작 동요제에는 노래를
새로 만들어서 나가야 해.

노랫말을 만드는 건 작사,
노래의 곡을 만드는 건 [ ]곡.

作
만들다 작

- **공작**(工만들다 공 作)
  물건을 만드는 것.
- **작품**(作 品물건 품)
  만든 물건.
- **작업**(作 業일 업)
  물건을 만들거나
  일을 함.
- **작업모**(作業 帽모자 모)
  작업할 때 쓰는 모자.
- **작업복**(作業 服옷 복)
  작업할 때 입는 옷.
- **작업장**(作業 場장소 장)
  작업하는 장소.
- **창작**(創시작하다 창 作)
  물건을 처음으로
  만들어 냄.
- **작사**(作 詞말 사)
  노랫말을 만듦.

> **정답** 104쪽

15

1 괄호에 들어갈 낱말을 보기에서 찾아 번호를 쓰세요.

> 보기 : ① 목재   ② 찬거리   ③ 옷감

1) 아빠는 톱으로 (   )를 잘라 책장을 만드셨어.

2) 엄마는 집에 반찬이 다 떨어져 시장에 (   )를 사러 가셨어.

3) 이 (   )은 물이 스며들지 않아 스키복을 만들 때 써.

2 다음 중 서로 어울리는 것끼리 선 긋기를 하세요.

·　　　　　　·　　　　　　·

·　　　　　　·　　　　　　·

농기구　　　　필기도구　　　　청소 도구

3 맞는 것에 ○표, 틀린 것에 ✕표 하세요.

1) 돌로 된 재료를 철재라고 한다.　　　　　　(　　)

2) 도구와 기구는 비슷한 말이다.　　　　　　(　　)

3) 노래의 곡을 만드는 것을 작곡이라고 한다.　　(　　)

4 다음 중 그림과 어울리지 <u>않는</u> 것을 하나 고르면? (   )

① 악기

② 정수기

③ 분무기

④ 농기구

---

5 다음 빈칸에 있는 글씨를 예쁘게 따라서 써 보세요.

· 일할 때 입는 옷을 　작　업　 복이라고 해.

· 선생님이 만들어 주신 노래로, 　창　작　 동요제에 나갔어.

---

6 다음 빈칸에 알맞은 말을 예쁘게 써 보세요.

　· 불을 끌 때 쓰는 기구는 □화기야.

· 열심히 하더니 아주 멋진 미술 작□을 만들었구나.

손

엄마는 손재주도, 손맛도 최고야

짜잔, 엄마 생일 선물! 엄마가 좋아하는 차우유야.

야, 내가 발로 만들어도 그거보단 낫겠다.

괜찮아, 조금만 더 손질하면 멋지겠는걸. 아들, 고마워!

생일 축하합니다. 사랑하는 엄마의…

캬아, 맛있다. 역시 당신 손맛은 끝내 줘.

호호, 뭘요.

손맛?

맛 하나도 없는데?

껄껄껄

손맛은 바로 엄마 손이 만들어 내는 음식의 맛이야.

아하~

인형도, 요리도 다 손으로 만들지.

내 손은 뭐든지 잘 만드는 신의 손.

손목
난 손과 팔을 이어 줘. 시계를 차지.

손바닥
난 손의 안쪽, 손뼉칠 때 써.

손등
난 손의 바깥쪽.

손은 오른손, 왼손 두 개,
양쪽 손은 양손.

손과 팔을 이어 주는 건 (손등 | 손목)
손의 안쪽은 (손톱 | 손바닥)
손의 바깥쪽은 (손등 | 손바닥)

첫 번째 손가락은 엄지손가락,
두 번째 손가락은 집게손가락,
세 번째 손가락은 가운뎃손가락,
네 번째 손가락은 약손가락,
다섯 번째 손가락은 새끼손가락이야.

난 뭘 가리킬 때 써.

키는 내가 제일 커.

결혼반지는 내 몫이야.

난 약속할 때 쓰지.

난 제일 뚱뚱해.

짝짝짝

손가락질   손뼉   손깍지

🐾 **검지**
집게손가락은 다른 말로 검지라고도 해.

> **정답** 104쪽

손	손목, 손등, 손바닥, 엄지손가락, 집게손가락 손뼉, 손가락질, 손깍지

오, 나의 이 놀라운 손놀림.

오오

와~

정말 빠르게 손을 움직이지?
손놀림이 빠른 거야.

그런데 손재주는 별로라,
엄마가 손질해 주셨어.

손으로 뭘 잘 만들어 내는 솜씨 • • 손질

손으로 만져 다듬는 것 • • 손재주

우리 엄마는 손재주도 좋고, 손맛도 좋아.
손이 만들어 내는 음식의 맛이 손 맛.

손으로 끄는 수레는
손 수 레.

그런데 일할 사람이 모자라나 봐.
일할 사람은 뭐라고 하지?
(일손 | 일발)

베짱아, 좀 도와줘.

싫어, 귀찮아.

베짱이가 도와주니
일이 아주 쉬워졌어.
일이 아주 쉬운 건 손 쉽 다.

네가 도와주니 참 손쉽구나.

너희들, 겨울에 꼭 맛있는 음식 해 줘야 한다.

손

손놀림
손을 이리저리
움직이는 일.

손재주
손으로 무엇을 잘
만들어 내는 솜씨.

손질
손으로 만져 다듬는 것.

손맛
손으로 직접 음식을
만들어서 내는 맛.

손수레
사람이 직접 손으로
끄는 수레.

일손
일을 하는 사람.

손쉽다
일이 퍽 쉬움.

난 손으로 직접 만들 거야.

주물럭 주물럭

기계가 아닌 손으로 물건을
아름답게 만드는 걸 뭐라고 하지?
(수공예 | 수류탄)

손으로 만든 아름다운 물건은
수공예품 또는 수제품.

수공예품, 수제품의 '수'는 손 수(手).

의사가 아픈 사람의 몸을 째서
병을 손으로 고치는 일은 수술.

전기 같은 걸로 움직이면
자동,
손으로 움직이면 수동.

자동문

수동문

위잉

깡깡

저런 손에서 놓칠 뻔했네.
일하다 잘못해
손에서 놓치는 건 실수.

하지만 일을 잘 처리하면
짝짝짝 박 □ 를 받지.

앗, 나의 실수.

택배

휙

어림없지.

짝짝짝짝

택배

와

착

手
손 수

▪ **수공예**
(手 工만들다 공 藝예술 예)
손으로 물건을 아름답게
만드는 것.

▪ **수공예품**(手工藝 品물건 품)
손으로 만든 아름다운
물건.

▪ **수제품**(手 製만들다제 品)
손으로 만든 물건.

▪ **수술**(手 術재주술)
몸을 째서 손으로
병을 고치는 것.

▪ **수동**(手 動움직이다 동)
손의 힘만으로 움직임.

▪ **실수**(失잃다실 手)
손에서 놓침.

▪ **박수**(拍치다박 手)
두 손뼉을 마주침.

> **정답** 104쪽

1 다음 중 옳지 <u>않은</u> 것은? (　　　)

① 집게손가락

② 손목

③ 손바닥

④ 손등

2 다음 그림에 대한 설명으로 어울리지 <u>않는</u> 것은? (　　　)

① 손가락질

② 손질

④ 손수레

③ 손뼉

3 다음 빈칸에 공통으로 들어갈 말을 오른쪽에 바르게 써 보세요.

1) 손으로 만든 물건은 ☐제품이야.

2) 의사 선생님이 환자를 ☐술하셨어.

3) 물컵을 나르다 실☐로 바닥에 떨어뜨렸어.

---

4 다음 빈칸에 있는 글씨를 예쁘게 따라서 써 보세요.

· 일할 사람이 부족한 걸 일 손 이 부족하다고 해.

· 엄마가 만든 음식은 다 맛있어. 우리 엄마 손 맛 은 최고야.

---

5 다음 빈칸에 알맞은 말을 예쁘게 써 보세요.

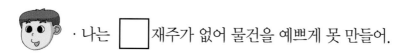 · 나는 ☐ 재주가 없어 물건을 예쁘게 못 만들어.

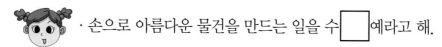 · 손으로 아름다운 물건을 만드는 일을 수☐예라고 해.

23

나무꾼이 될까, 사냥꾼이 될까

친구들은 커서 어떤 일을 하고 싶니?

꾼은 어떤 일을 직업적으로 하는 사람을 말해.

농사짓는 사람	•	• 나무꾼
장사하는 사람	•	• 사냥꾼
사냥하는 사람	•	• 농사꾼
땔나무를 하는 사람	•	• 장사꾼

일 잘하면 일꾼, 재주 많으면 재주꾼,

알뜰하게 살림을 잘하면 살림꾼.

적이 오는 걸 살피고 지키는 일을 하는 사람은?

(사기꾼 | 파수꾼)

아래 그림의 빈칸에 공통으로 들어갈 말은? (꾼 | 부)

난 광물을 캐는 광□.

난 물고기 잡는 어□.

난 마차를 끄는 마□.

그래, **부(夫)**도 직업을 가리키는 말이야.

그래서 농사꾼을 농부라고 하지.

-꾼

■ **재주꾼**
재주가 많은 사람.
■ **살림꾼**
살림을 잘하는 사람.

夫
일꾼 부

■ **광부**(鑛쇳돌 광 夫)
광물을 캐는 사람.
■ **어부**(漁고기잡을 어 夫)
물고기 잡는 일을 하는
사람.
■ **마부**(馬말 마 夫)
말을 끄는 사람.
■ **농부**(農농사 농 夫)
농사꾼.

〉 **정답** 104쪽

직업	나무꾼, 사냥꾼, 농사꾼, 장사꾼, 살림꾼
	농부, 어부, 광부, 마부

화를 잘 내면 화가? 하하, 아니야.

그럼 화가란? (　　　)
① 그림 그리는 일을 하는 사람
② 불을 끄는 일을 하는 사람

이처럼 **가(家)**는 직업을 나타내는 한자야.

노래의 곡을 쓰는 사람은　•　　　•작사가

노랫말을 쓰는 사람은　•　　　•작곡가

家

사람 가

- **화가**(畵그림화 家)
  그림 그리는 일을
  하는 사람.
- **작사가**
  (作만들다작 詞말사 家)
  노랫말을 짓는 사람.
- **작곡가**(作 曲곡곡 家)
  노래의 곡을 짓는 사람.
- **예술가**
  (藝재주예 術재주술 家)
  아름다움을 찾는 예술을 하는
  사람.
- **작가**(作만들다작 家)
  예술가.
- **기업가**
  (企꾀하다기 業일업 家)
  회사를 운영하는 사람.

화가, 음악가, 무용가는 모두 예술 □ .

그럼 **예술가**와 비슷한 말은?

(작가 | 귀가)

사진을 찍어 예술을 하는 사람은 **사진작가**.

난 건물이나
다리를 지어.

드디어 전구를
만들었다.

난 회사를
경영해.

기업가　　　발명가　　　건축가

토마토를 가지고 서로 다른 세 가지 일을 하고 있어.

농사짓는 일은   ·   · 공업

공장에서 물건을 만드는 일은 ·   · 상업

장사하는 일은   ·   · 농업

공업, 상업, 농업의 '업'은 일 **업**(業).

먹고살기 위해 하는 일을 **직업**이라고 하지.

소, 말, 돼지 등의 가축을 기르는 일은 **목축업**,

물고기를 잡거나 기르는 일은 어 업 .

가게를 새로 여는 건 개업.

가게에 사정이 생겨

일을 잠깐 쉬는 건?

휴 □ 이라고 해.

業
일 업

▪ **직업**(職일직 業)
생활을 꾸려 나가기
위해 하는 일.
▪ **농업**(農농사 농 業)
농사를 짓는 직업.
▪ **공업**(工만들다 공 業)
물건을 만드는 직업.
▪ **상업**(商장사 상 業)
장사하는 직업.
▪ **목축업**
(牧기르다 목 畜짐승 축 業)
소, 말, 돼지 등의
가축을 기르는 직업.
▪ **개업**(開열다 개 業)
가게를 새로 여는 것.
▪ **휴업**(休쉬다 휴 業)
가게를 잠시 쉬는 것.

> **정답** 104쪽

27

1 서로 어울리는 것끼리 짝 지으세요.

요 녀석들, 어디로 숨었지?

네, 5,000원 입니다.

●　　　　　　　　●　　　　　　　　●

●　　　　　　　　●　　　　　　　　●

| 장사꾼 | 농사꾼 | 사냥꾼 |

---

2 다음 중 그림에 대한 설명으로 <u>틀린</u> 것은? (　　　)

① 광부

② 어부

③ 파수꾼

④ 발명가

내가 만든 전구.

3 가게를 새로 여는 것을 뭐라고 할까요? (   )

① 개업   ② 휴업

③ 상업   ④ 직업

4 다음 빈칸에 공통으로 들어가는 말을 오른쪽에 바르게 써 보세요.

1) 난 그림 공부를 열심히 할 거야. 내 꿈은 화☐거든.
2) 에디슨은 위대한 발명☐야.
3) 베토벤은 위대한 예술☐야.
4) 철이네 아빠는 회사를 경영하는 기업☐야.

5 다음 빈칸에 있는 글씨를 예쁘게 따라서 써 보세요.

· 공장에서 물건을 만드는 일은 | 공 |업이야.

토마토 주스 공장

· 가게에서 물건을 파는 일은 | 상 |업이야.

○○ 슈퍼

6 다음 빈칸에 알맞은 말을 예쁘게 써 보세요.

· 소, 말, 돼지를 기르는 일은 목축 ☐ 이야.

· 가게를 잠깐 쉬는 건 ☐ 업이야.

초비네 가족이 하는 말을 잘 보고 퍼즐 조각에 색을 칠해 봐.

2장

말하다

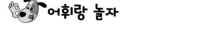

끝**말**잇기 잘하는 나는야 **어**휘 박사

야, 심심해. 나랑 놀자.

너 몇 살인데, 나한테 반말이냐?

저…그게… 두 살….

난 다섯 살이야. 높임말 써. 알았어?

에이, 거짓말.

참말이야. 높임말 안 쓰면 안 놀아 준다.

예. 형, 뭐 하고 놀까요?

끝말잇기 하자! 먼저 시작해 봐라.

쌀밥.

밥그릇.

릇릇릇… 뭐 없나?

다시 해요.

좋아, 그러시든지.

제주도.

도넛.

넛넛넛…?

우앙, 안 해, 안 해!

히히히.

친구들도 끝말잇기 좋아하니?

개의 거짓말에 깜빡 속아 넘어간 호랑이.

진짜가 아닌 말은 거짓말,

그럼 진짜인 말은? 참참참 참말.

> 이 거짓말쟁이, 이제부터 반말할 거야.

> 야, 나, 사실 두 살이야.

개와 호랑이는 동갑이니 서로 반말을 해도 좋아.

친하거나 낮춰 부를 때 쓰는 말   (높임말 | 반말)

나이가 많은 웃어른께 쓰는 말   (반말 | 높임말)

높임말은 존댓말이라고도 해.

> 넛, 넛… 넛 자로 시작하는 말 없나? 있을 텐데… 있을 거야.

> 나, 사실 두 살.

> 청룡열차   바이킹

> 우리 뭐 탈까?

혼자서 중얼거리는 말   ·   · 귀엣말

남의 귀에 대고 소곤대는 말   ·   · 혼잣말

무엇을 알리기 위해 세워 놓은 말뚝   ·   · 푯말

귀엣말은 귓속말, 푯말은 팻말이라고도 해.

인사하는 말은 인사말, 노래에 붙은 말은 노랫말.

말

거짓말
진짜가 아닌 말.

참말
진짜인 말.

반말
친하거나 낮춰 부를 때
쓰는 말.

높임말(= 존댓말)
사람이나 사물을 높여서
이르는 말.

귀엣말(= 귓속말)
귀 가까이에 대고
소곤대는 말.

푯말(= 팻말)
표시하기 위해 세운 말뚝.

노랫말
노래에 붙은 말. 가사.

> **정답** 104쪽

말
참말, 거짓말, 반말, 높임말
귀엣말, 혼잣말, 푯말, 노랫말

우리는 항상 바르고 고운 말씨를 써야 해.

말조심하지 않으면 말다툼이 생겨.

말하는 태도나 버릇은	(말씨 | 말조심)
말을 조심하는 것은	(말씨 | 말조심)
말로 싸우는 것은	(말다툼 | 말조심)

말을 분명하지 않게 끝맺다	•	• 말꼬리를 흐리다
남이 말할 때 끼어들다	•	• 말벗이 되다
서로 이야기를 주고받는 친구가 되다	•	• 말참견하다

먹는 '밤' 얘기가 아니잖아?

저렇게 말뜻을 못 알아듣는 걸

뭐라고 하지?

말 귀 가 어둡다.

말

말씨
말하는 태도나 버릇.

말조심
잘못 말하지 않도록
조심하는 것.

말다툼
말로 하는 싸움.

말꼬리를 흐리다
말을 분명하지 않게
끝맺다.
(= 말끝을 흐리다)

말벗이 되다
서로 이야기를 주고받는
친구가 되다.

말참견하다
남이 말할 때 끼어들다.

말귀가 어둡다
남이 하는 말뜻을 잘
알아듣지 못하다.

우리 선생님 참 예뻐.

'우리', '선생님', '참', '예뻐'
다 뜻을 가진 말들이야.
저런 말 하나하나를 낱말이라고 해.
그럼 낱말을 다른 말로 뭐라고 할까?
(단어 | 인어)

그럼 낱말과 그 낱말의 뜻을 많이 아는 걸 뭐라고 하지?
그래, 어휘력이 풍부하다고 해.
'말'을 가리키는 한자는 **어(語)**야.

우리말은 국어, 다른 나라 말은 외국어,
영국이나 미국 말은 영 어 , 중국 말은 중국 □ .

아싸, 득템 성공.

득템? 게임 아이템을 손에
넣었단 말이야.

이렇게, 어떤 방면에서 잘 쓰는 말을
뭐라고 하지? (용어 | 잉어)

게임에서 잘 쓰는 말은 게임 용 어 ,
운동경기에서 잘 쓰는 말은 스포츠 용 □ .

語
말 어

■ **단어**(單홀로 단 語)
뜻을 가진 낱개의 말.
(= 낱말)
■ **어휘력**(語 彙모이다 휘 力힘 력)
단어와 그 뜻을 알고
자유롭게 쓸 수 있는 힘.
■ **국어**(國나라 국 語)
우리나라 말.
■ **외국어**(外바깥 외 國語)
다른 나라에서 쓰는 말.
■ **영어**(英영국 영 語)
영국과 미국 사람 등을
비롯해 세계 여러 나라에서
쓰는 말.
■ **용어**(用쓰다 용 語)
어떤 방면에서 잘
쓰이는 말.

> **정답** 104쪽

어휘 확인

1 서로 어울리는 것끼리 짝 지으세요.

뭐 해?

뭐 하세요?

나 사실 두 살.

귀엣말

반말

높임말

2 다음 중 그림과 설명이 서로 어울리지 <u>않는</u> 것은? (　　)

① 푯말

청룡열차　바이킹

우리 뭐 탈까?

② 말벗

네가 나한테 팔씨름 이긴다고 했다며?

꼭 그렇다는 건 아니고…!

③ 말참견

짬뽕 시킬까, 자장면 시킬까?

글쎄… 난 자장…

야, 너희들 짬뽕 먹어. 그 집 짬뽕 끝내 줘.

④ 혼잣말

넛, 넛… 넛 자로 시작하는 말 없나? 있을 텐데… 있을 거야.

3 오른쪽 그림에 가장 어울리는 말은? (　　)

① 말벗이 되다　　　② 말참견하다

③ 말꼬리를 흐리다　　④ 말귀가 어둡다

4 다음 빈칸에 공통으로 들어갈 말을 예쁘게 써 보세요.

1) 우리는 항상 바르고 고운 □씨를 써야 해.
2) 이 노래는 노랫□이 너무 좋아.
3) 남이 얘기할 때 중간에 끼어들어 □참견하지 마.
4) 어른에게는 존댓□을 써야 해.

5 다음 빈칸에 있는 글씨를 예쁘게 따라서 써 보세요.

· 남의 귀에 대고 소곤대는 말은 　귓　속　말이야.

· 낱말과 낱말의 뜻을 많이 알면 　어　휘　력이 풍부한 거야.

6 다음 빈칸에 알맞은 말을 예쁘게 써 보세요.

골인, 홈런은 스포츠 용□야.

이야기

혹부리 영감님은 이야기꾼

옛날이야기 듣는 거 좋아하니?

옛날에 있었다고 전해지는 재미있는 이야기를
뭐라고 하지? (옛이야기 | 옛날이야기)

정답은 둘 다야.

그럼 혹부리 영감님처럼 이야기를 재미있게
잘하는 사람은? 이야기꾼.

열 시간째 얘기 중…

"혹부리 영감님은 □□□□□가
다 떨어졌어." 빈칸에 들어갈 말은?
(이야깃거리 | 이야기줄거리)

이야기를 들려줄 만한 재료를
이야깃거리라고 해.

즐겁고 재미있게 이야기를
나누는 걸 뭐라고 하지? (   )
① 이야기꽃을 피우다
② 이야기를 듣다

이야기

- **옛이야기**
  옛날에 있었다고
  전해지는 재미있는
  이야기. (= 옛날이야기)
- **이야기꾼**
  이야기를 재미있게
  잘하는 사람.
- **이야깃거리**
  이야기를 들려줄 만한
  재료.
- **이야기꽃**
  즐겁고 재미있게
  이야기를 나누는 장면.

> **정답** 105쪽

이야기   옛날이야기, 이야기꾼, 이야깃거리, 이야기꽃

귀에다 대고 조용히 이야기하는 건?

(**소곤소곤** | 왁자지껄)

왁자지껄은 여럿이서 시끄럽게
이야기하는 거야.

작은 목소리로 혼잣말을 할 때는? 중얼중얼.

쥐가 어떻게 이야기하고 있지?

(떠듬떠듬 | 또박또박)

또박 또 박 은 남이 알아들을 수
있게 또렷이 말하는 거야.

이야기하는 모습

소곤소곤
작은 목소리로 가만가만
이야기하는 모습.

왁자지껄
여럿이서 시끄럽게
떠드는 모습.

떠듬떠듬
말을 할 때 분명하게 하지
않고 자꾸 막히는 모습.

또박또박
또렷이 이야기하는 모습.

도란도란
정답게 이야기를 나누는
모습.

투덜투덜
낮은 목소리로 불평하는
모습.

티격태격
서로 생각이 달라
말싸움하는 모습.

말싸움할 때는 •   • 도란도란

사이좋게 이야기할 때는 •   • 투덜투덜

혼자서 불평할 때는 •   • 티격태격

'미운 오리 새끼'처럼 아이들을 위해
지은 이야기를 뭐라고 할까? (동화 | 영화)

동화를 입으로 재미있고 실감나게
이야기해 주는 건 **구연동화.**
'이야기'는 한자로 **화(話)** 라고 해.

신들이 나오는 신비한 이야기는 신화,
실제 있었던 이야기는 실 화 .

전파나 전기로 멀리 있는 사람과 이야기할 수 있는
기계를 뭐라고 할까? (전화 | 만화)

전화로 이야기를 주고받는 건 통 □,
서로 마주 보고 이야기를 주고받는 건 **대화,**
대화할 때의 이야깃거리는 **화제.**

외국어로 이야기를 나누는 건 •   • 수화

손짓으로 이야기를 나누는 건 •   • 회화

話
이야기 화

- **동화(童**아이동 **話)**
  어린이를 위해 지은 이야기.
- **신화(神**신신 **話)**
  신들이 나오는 이야기.
- **실화(實**실제실 **話)**
  실제 있었던 이야기.
- **통화(通**통하다 통 **話)**
  전화로 이야기를
  주고받음.
- **대화(對**마주 보다 대 **話)**
  서로 마주 보고 이야기를
  나누는 것.
- **수화(手**손 수 **話)**
  손으로 이야기를 함.
- **화제(話 題**제목 제 **)**
  대화할 때의 이야깃거리.

> **정답 105쪽**

41

1 서로 어울리는 것끼리 짝 지으세요.

이야깃거리 •

이야기꾼 •

이야기꽃 •

• 이야기를 재미있게 잘하는 사람

• 이야기를 들려줄 만한 재료

• 즐겁게 이야기를 나누는 모습

2 다음 중 그림과 어울리지 <u>않는</u> 말은? (　　　)

① 소곤소곤

② 티격태격

짬뽕이 최고야.

자장면이 최고라니까.

③ 중얼중얼

나는 할 수 있다. 나는 할 수 있다. ….

④ 또박또박

고고고… 고양이님이… 방울을 달면… 너너너무… 예… 예쁘실… 거….

> 정답 105쪽

3 다음 빈칸에 공통으로 들어가는 말을 오른쪽에 바르게 써 보세요.

1) "따르릉"은 전☐벨 울리는 소리야.

2) 벌써 10분째야. 통☐는 간단히 하렴.

3) 이 얘기는 실제로 있었던 실☐야.

4) 우리 단비, 영어 회☐ 실력이 많이 늘었는걸.

---

4 다음 빈칸에 있는 글씨를 예쁘게 따라서 써 보세요.

· 동화를 입으로 재미있고 실감나게 이야기하는 건 구 연 동화.

· 손짓으로 이야기를 나누는 건 수 화 .

---

5 다음 빈칸에 알맞은 말을 예쁘게 써 보세요.

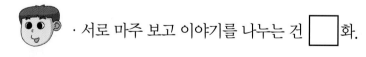 · 서로 마주 보고 이야기를 나누는 건 ☐화.

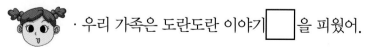 · 우리 가족은 도란도란 이야기☐을 피웠어.

글

난 떡을 썰 테니 넌 글을 쓰거라

석봉아, 불을 끄자. 나는 떡을 썰 테니, 넌 글을 쓰거라.

네, 어머니.

1시간 후

됐다, 이제 불을 켜거라.

아니, 누가 그림을 그리랬느냐? 글을 쓰랬지.

나 두 살, 아직 글 쓸 줄 몰라.

1년 후

글 쓰는 법은 나 배웠겠시'? 난 떡을 썰 테니 넌 글을 쓰거라.

네, 어머니.

1시간 후

됐다, 이제 불을 켜거라.

아니, 이게 전부냐?

어머니가 '글' 쓰라고 하셨잖아요? '글'.

3년 후

난 떡을… 넌 글을… 예전처럼 '글' 한 자만 쓰면 안 되느니라.

네, 어머니.

1시간 후

됐다, 이제 불을 켜거라.

오자가 왜 이리 많느냐?

아직 자판을 다 못 익혀서.

친구들은 컴퓨터 자판 다 익혔니?

말은 입으로 하고, 글은 손으로 쓰지.

쓴 글자의 모양 •　　　• 붓글씨

붓으로 쓴 글씨 •　　　• 글공부

글을 배우는 것 •　　　• 글씨

우리나라 글은 한글,
10월 9일은 한글날.

글을 짓는 건 글짓기.
단비가 썼으니 글쓴이는 단비.

그럼 글감이란? (　　　)

① 글의 내용이 되는 재료

② 글씨를 예쁘게 쓰는 것

'동생'에 대해 쓴 글이니,
이 글의 글감은 '동생'.

인터넷에 올려진 글에
답으로 쓴 글은 댓글.
석봉이 글에 댓글이 주렁주렁.

글

붓글씨
붓으로 쓴 글씨.

글공부
글을 배우는 것.

한글날
한글이 처음 세상에
발표된 날. 10월 9일.

글짓기
글을 짓는 것.

글쓴이
글을 쓴 사람.

글감
글의 내용이 되는 재료.

댓글
인터넷 게시판에 누가 쓴
글에 답으로 달아 놓은 글.

> **정답** 105쪽

글

글씨, 붓글씨, 글공부, 한글
글짓기, 글쓴이, 글감, 댓글

우리 글자는 한글,
중국 글자는 한자야.

옛날 사람들이 한자를 처음 배울 때
쓰던, 천 글자로 된 책은?
(백자문 | 천자문)

'글'을 나타내는 한자는 **자(字)**야.
수를 나타내는 글자는 숫자,
한글에서 ㄱ, ㄴ, ㅏ, ㅑ 같은 한 글자 한 글자는 낱자.

컴퓨터의 키보드는 **자** 판,
자판으로 글자를 치는 건 타자,
잘못 쓴 글자는 오 □ .
오자는 철자에 맞게 고쳐 써야 해.

자막   점자

字
글자 자

천자문
(千일천천 字 文글문)
천 개의 한자로 된 책.

낱자(字)
ㄱ, ㄴ, ㄷ, ㅏ, ㅑ 같은
낱개의 글자.

오자(誤잘못 오 字)
잘못 쓴 글자.

철자(綴꿰매다 철 字)
ㄱ, ㄴ, ㄷ 같은 자음과
ㅏ, ㅑ 같은 모음을
맞추어 글자를 만드는 일.

자막(字 幕막 막)
영화나 텔레비전에서
화면에 비추는 글자.

점자(點점점 字)
앞 못 보는 사람이
손가락으로 더듬어
읽을 수 있는 글자.

글자는 다른 말로 (문자 | 문신)

영어 알파벳

A, B, C…는 대문자,

a, b, c…는 소문자.

대문자, 소문자의 '문'은 글 문(文).

글짓기는 작 문 ,

글 쓸 때 필요한 도구들을 파는 가게는

문방구 또는 구점.

| 자기 잘못을 뉘우치며 쓰는 글 · | · 광고문 |
| 물건의 좋은 점을 알리기 위해 쓰는 글 · | · 반성문 |

글에서 쓰이는 '. , ? !' 같은 부호를 뭐라고 하지?

(문제 해결 | 문장 부호)

文
글 문

- **문자**(文 字글자 자)
  글자.
- **작문**(作짓다 작 文)
  글짓기.
- **문방구**
  (文 房방 방 具도구 구)
  글을 쓸 때 필요한
  도구들을 파는 가게.
  = 문구점(文具 店가게 점)
- **광고문**
  (廣넓다 광 告알리다고 文)
  물건의 좋은 점을 알리기
  위해 쓰는 글.
- **문장 부호**
  (文 章글 장 符도장부 號부호 호)
  글을 이해하기 쉽도록
  쓰는 여러 가지 부호.

> **정답** 105쪽

47

 어휘 확인

1 다음 중 밑줄 친 부분의 뜻이 <u>다른</u> 하나는? (　　)

① 댓<u>글</u>　　② 한<u>글</u>　　③ 보<u>글</u>보<u>글</u>　　④ <u>글</u>쓴이

2 서로 어울리는 것끼리 연결해 보세요.

·　　　　　·　　　　　·

·　　　　　·　　　　　·

자막　　　　자판　　　　오자

3 다음 중 그림과 낱말이 바르게 짝 지어지지 <u>않은</u> 것은? (　　)

① 낱자

② 대문자

③ 천자문

④ 점자

4 다음 빈칸에 공통으로 들어갈 말을 오른쪽에 바르게 써 보세요.

1) 연필을 사러 □구점에 갔어.

2) '비'에 대해 작□을 해 보자.

3) 잘못을 뉘우치기 위해 쓰는 글은 반성□이야.

5 오른쪽 그림에 대한 설명으로 옳지 <u>않은</u> 것은? (　　　)

① 단비가 글짓기한 거야.

② 글쓴이는 단비야.

③ 단비가 작문한 거야.

④ 글감은 단비야.

6 다음 빈칸에 있는 글씨를 예쁘게 따라서 써 보세요.

· 글을 지은 사람을 글 쓴 이 라고 해.

7 다음 빈칸에 알맞은 말을 예쁘게 써 보세요.

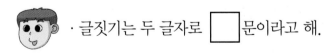
· 글짓기는 두 글자로 □문이라고 해.

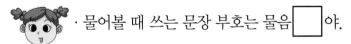
· 물어볼 때 쓰는 문장 부호는 물음□야.

어휘 나무에 낱말 열매들이 열렸어요.
열매에 들어 있는 낱말 중, 나머지와 사이가 <u>가장 먼</u> 것을 찾아 O표 하세요.

곰 네 식구가 한 집에 있어

곰 세 마리가 한 집에 있어.

아빠 곰, 엄마 곰,

아기 곰.

난 외아들. 엄마, 나도 동생 갖고 싶어.

1년 후

곰네 집에 식구가 하나 늘었어요.

내 동생이 생겼지롱.

곰 네 마리가 한 집에 있어.♪

흔들흔들

아기가 아들이면 우린 형제 곰.

김치~

찰칵

아기가 딸이면?

우린 남매 곰.

도리 도리~까꿍, 까꿍~

곰네 옆집은…

우린 토끼 세 자매.

토끼 세 마리가 한 집에 있어.

곰네

토끼네

여러분의 집은 모두 몇 식구, 몇 형제자매니?

52

같은 집에서 함께 밥을 먹고 사는 사람은 **식구**.

> 다음 중 식구가 아닌 사람을 모두 골라 봐.
>
> 형과 동생 | 친구 칠복이 | 아빠와 엄마
>
> 유치원 선생님 | 언니와 동생 | 옆집 아줌마

아빠, 엄마를 합쳐서 부르면? **어버이**.

형제   자매   남매

남매는 오누이라고 하기도 해.

형제자매 중 제일 나이가 많으면? **맏이**.

제일 나이가 어리면? **막내**.

형제자매가 한 명도 없으면 **외아들, 외딸**.

> **정답** 105쪽

식구

- **어버이**
  아빠와 엄마.
- **형제**(兄형형 弟아우제)
  형과 남동생.
- **자매**(姉언니 자 妹여동생 매)
  언니와 여동생.
- **남매**(男사내 남 妹)
  오빠와 여동생.
  누나와 남동생.
  (= 오누이)
- **맏이**
  형제자매 중 가장
  나이가 많은 사람.
- **막내**
  형제자매 중 가장
  어린 사람.
- **외아들**
  형제자매가 한 명도
  없는 아들.

식구	식구, 어버이, 형제, 자매, 남매 맏형, 맏언니, 막내, 외아들, 외딸

백설공주를 낳은 엄마는 일찍 돌아가셨어.
'새엄마'를 두 글자로 뭐라고 하게?
(계모 | 계피)

이처럼 모(母)는 엄마를 뜻하는 말이야.

엄마 젖은 │모│유,
엄마가 자식을 사랑하는 마음은 모성애.

엄마의 언니나 여동생 •　　　• 고모

아빠의 누나나 여동생 •　　　• 이모

그럼 엄마, 아빠를 통틀어 부르는 말은? 부모님.
아빠는 한자로 부(父), 엄마는 한자로 모(母)야.
학생의 아빠나 엄마는 학부모.

아빠와 아들이 생긴 것도,
하는 것도 꼭 닮았네.
빈칸에 들어갈 말은?
(부전자전 | 부부 싸움)

아빠와 아들 사이는 │부│자,
엄마와 딸 사이는 모녀.

父	母
아빠 부	엄마 모

▪ **계모**(繼잇다 계 母)
새엄마. 아빠가 새로
결혼해 얻은 아내.

▪ **모유**(母 乳젖 유)
엄마 젖.

▪ **모성애**
(母 性성질 성 愛사랑 애)
엄마가 자식을 사랑하는
마음.

▪ **학부모**
(學배우다 학 父아빠 부 母)
학생의 부모.

▪ **부자**(父 子아들 자)
아버지와 아들.

▪ **부전자전**
(父 傳전하다 전 子傳)
아버지와 아들이 꼭 닮음.

▪ **모녀**(母 女딸 녀)
어머니와 딸.

가 훈
밥투정 하지 말자!

우리는 한 □□.

아빠와 엄마는 결혼해 우리를 낳으셨어.
빈칸에 들어갈 말은? (가족 | 가짜)

그럼 가족들이 한 울타리 안에
함께 모여 사는 집은?
가정이야.

집을 나타내는 한자는 **가(家)**야.

밖에 나갔다 집에 돌아오는 건 **귀가**,
설거지, 청소 같은 집안일은 **가** 사.

집집마다 가족들이 가장 중요하게 생각하는
가르침이 있어. 이걸 뭐라고 할까? (가훈 | 가슴)

집에서 쓰는 물건들이야.

장롱, 탁자같이 집에서 쓰는 기구   •   • **자가용**

냉장고, 세탁기처럼 집에서 쓰는 전기 제품   •   • **가구**

집에서 쓰는 자동차   •   • **가전제품**

家
집 가

▪ **가족(家 族**무리 족**)**
결혼이나 핏줄로 맺어진
사람들.

▪ **가정(家 庭**뜰 정**)**
한 가족이 생활하는 집.

▪ **귀가(歸**돌아오다 귀 **家)**
밖에 나갔다 집에
돌아오다.

▪ **가사(家 事**일 사**)**
집안일.

▪ **가훈(家 訓**가르치다 훈**)**
한 가족이 가장 중요하게
생각하는 가르침.

▪ **자가용**
(自스스로 자 **家 用**쓰다 용**)**
자기 집에서 쓰는 자동차.

▪ **가구(家 具**도구 구**)**
집안 살림에 쓰는 기구.

> **정답** 105쪽

55

1 다음 중 가족을 나타내는 낱말에 <u>모두</u> 색칠하세요.

어버이	선생님	맏형
오누이	자매	막냇동생
모녀	친구	꼬마

2 엄마의 여동생을 뭐라고 할까요? (　　　)

① 고모　　② 이모　　③ 네모　　④ 세모

3 오른쪽 그림의 빈칸에 들어갈 가장 알맞은 말은? (　　　)

① 계모

② 부전자전

③ 학부모

④ 가전제품

4 다음 빈칸에 공통으로 들어갈 말을 오른쪽에 바르게 써 보세요.

1) 우리 □족은 어제 중국집에서 탕수육을 먹었어.

2) 집에서 쓰는 전기 제품은 □전제품이야.

3) 빨래나 설거지 같은 집안일을 □사라고 해.

---

5 다음 빈칸에 있는 글씨를 예쁘게 따라서 써 보세요.

· 엄마가 자식을 사랑하는 마음은 │모│성│애.

· 한 가족이 가장 중요하게 생각하는 가르침은 가│훈│.

---

6 다음 빈칸에 알맞은 말을 예쁘게 써 보세요.

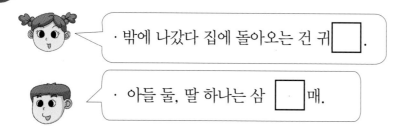

· 밖에 나갔다 집에 돌아오는 건 귀□.

· 아들 둘, 딸 하나는 삼 □매.

어느 할아버지가 외할아버지야?

우리 어디 가요?

응. 또또 할아버지 댁에 세배하러 가는 거야.

까치 까치 설날은 어저께고요.

할아버지, 할머니!

아이고, 우리 새끼들 왔네.

또또야!

→ 또 또

아버지, 엄마 별일 없으셨죠?

아, 그럼 그럼.

할아버지, 할머니, 새해 복 많이 받으세요.

오냐, 우리 손자, 손녀도 복 많이 받거라.

몇 시간 후

여보, 이제 당신 집에 가자고.

네. 여보. 얘들아, 이제 청주 할아버지네 세배 가자.

차 안에서

퀴즈! , 왜 할아버지가 두 분인 줄 알아?

당연하지.

또또 할아버지랑 청주 할아버지랑 되게 친한 친구잖아?

호호

하하

할아버지도 두 분, 할머니도 두 분…, 왜일까?

아빠의 아빠는 할아버지,

엄마의 아빠도 할아버지.

　　아빠의 아빠　•　　　　•　친할아버지

　　엄마의 아빠　•　　　　•　외할아버지

아빠의 엄마는 할머니, 엄마의 엄마도 할머니.

　　아빠의 엄마　•　　　　•　외할머니

　　엄마의 엄마　•　　　　•　친할머니

할아버지, 할머니한테 우리는? (손자·손녀 | 손금·손목)

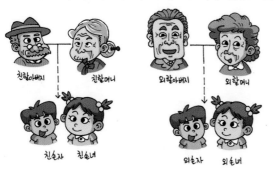

친할아버지　친할머니　　　외손자　외손녀

　　친할아버지, 친할머니한테 우리는?　•　　　•　외손자, 외손녀

　　외할아버지, 외할머니한테 우리는?　•　　　•　친손자, 친손녀

친·외

- **친할아버지**
  아빠의 아빠.
- **외할아버지**
  엄마의 아빠.
- **친할머니**
  아빠의 엄마.
- **외할머니**
  엄마의 엄마.
- **친손자**
  (親친하다 친 孫손자 손 子아들 자)
  자기 아들의 아들.
- **외손자**(外바깥 외 孫子)
  자기 딸의 아들.

> **정답** 105쪽

친척
친할아버지 – 외할아버지, 친할머니 – 외할머니
친손자 – 친손녀, 외손자 – 외손녀

아빠의 형
친삼촌(큰아버지)

아빠의 누나
고모

아빠

아빠의 남동생
친삼촌(작은아버지)

아빠의 여동생
고모

으이구,
자라면서 많이
싸웠겠다.

아빠의 누나나 여동생을
우리는 뭐라고 부를까?
(고모 | 이모)

아빠의 형이나 남동생은?
삼촌. 그중에서도 친 삼 촌 .

친삼촌 중에서 아빠의 형은 **큰아버지**,
아빠의 결혼한 남동생은 **작은** 아 버 지 .

큰아버지네 집   •   • 작은집

작은아버지네 집 •   • 큰집

그럼 큰아버지나 작은아버지,
고모는 나를 어떻게 부르지?
(조카 | 우리 형 아들)
정답은 **조카**.

우리 오빠 아들,
우리 아기랑 사이좋게
놀아요.

네, 우리 아빠
여동생.

저렇게 부르면
너무 불편하겠지?

고모의 아기는 나한테는 동생이야.
동생은 동생인데 어떤 동생?
사촌 동생.

우리는 사촌
치즈.

찰칵~

아빠~

큰아버지, 작은아버지, 고모의 아들딸은 나한테는 **사촌**.

아빠 쪽 가족

- **고모**(姑고모 고 母엄마 모)
  아빠의 누나나 여동생.
- **큰아버지**
  아빠의 형.
- **작은아버지**
  아빠의 결혼한 남동생.
- **삼촌**(三셋삼 寸촌수 촌)
  ① 아빠의 형제.
  =친삼촌
  ② 또는 아빠의 결혼 안 한
  남동생.
- **큰집**
  큰아버지네 집.
- **작은집**
  작은아버지네 집.
- **조카**
  내 형제자매의 자식.
- **사촌**(四넷사 寸)
  아빠의 형제자매의
  아들딸.

| 엄마의 언니 | 엄마의 오빠 | 엄마 | 엄마의 남동생 | 엄마의 여동생 |
| 이모 | 외삼촌 | | 외삼촌 | 이모 |

쯧쯧, 이 집도 많이 싸웠겠다.

아빠의 누나나 여동생은 고모야.

그럼 엄마의 언니나 여동생은?

(이모 | 유모)

정답은 **이모**.

아빠의 형이나 남동생은 친삼촌.

그럼 엄마의 오빠나 남동생은 뭐라고 할까?

(먼삼촌 | 외삼촌)

외할아버지, 외할머니, 외삼촌, 이모는

모두 엄마 쪽 식구들이야.

그럼 엄마가 결혼하기 전에

살았던 집은 무슨 집?

(외갓집 | 외딴집)

김치~ 치즈~

청주 할아버지네가 우리 외갓집이네.

이처럼 엄마 쪽 식구를 가리킬 때는 **외(外)**가 붙어.

아빠 쪽 식구를 가리킬 때는 **친(親)**이 붙지.

아빠의 형이나 남동생 •   • **외삼촌**

엄마의 오빠나 남동생 •   • **친삼촌**

엄마 쪽 가족

- **이모**(姨이모 이 母엄마 모)
  엄마의 언니나 여동생.
- **외삼촌**
  (外바깥 외 三셋 삼 寸촌수 촌)
  엄마의 오빠나 남동생.
- **외갓**(外 家집 가)**집**
  엄마가 결혼하기 전에
  살았던 집.

> **정답** 105쪽

1 아래 그림의 괄호 안에 들어갈 말을 순서대로 바르게 적은 것은? (   )

① 외 – 외 – 친 – 친   ② 친 – 외 – 친 – 외

③ 외 – 친 – 외 – 친   ④ 친 – 친 – 외 – 외

---

2 외할아버지, 외할머니는 초비를 뭐라고 부를까요? (   )

① 친손자   ② 외손자   ③ 증손자   ④ 고손자

---

3 서로 어울리는 것끼리 짝 지으세요.

엄마의 오빠   •   •   외삼촌

아빠의 누나   •   •   이모

엄마의 여동생   •   •   고모

> 정답 106쪽

4 오른쪽 그림의 밑줄 친 부분을 두 글자로 말하면? (　　　)

① 아들

② 손자

③ 조카

④ 사촌

우리 오빠 아들, 우리 아기랑 사이좋게 놀아요.

예, 고모.

5 괄호에 들어갈 알맞은 말을 보기에서 찾아 번호를 쓰세요.

보기 : ① 외갓집　　② 큰집　　③ 작은집

1) 큰아버지네 집은 (　　　)이야.

2) 작은아버지네 집은 (　　　)이야.

3) 엄마가 결혼하기 전에 살던 집은 (　　　)이야.

6 다음 빈칸에 알맞은 말을 예쁘게 써 보세요.

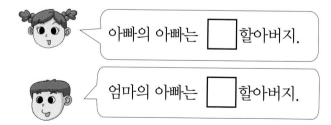

아빠의 아빠는 　　　할아버지.

엄마의 아빠는 　　　할아버지.

친구

어떤 친구가 좋은 친구?

두 친구가 길을 가다 곰을 만났어. 한 친구는 나무로 올라갔지만…

에라, 모르겠다. 죽은 척.

콩콩
콩닥콩닥

죽은 척하는 거 맞지? 나도 그 동화책 읽었거든.

소곤소곤

좋아. 이래도 안 일어나나 보자.

빙글
빙글

곰 세 마리가 한 집에 있어.

아빠 곰, 엄마 곰, 아기 곰.

메롱

큭큭, 참아야 해. 참아야 해.

에이, 재미없다. 딴 데 가서 놀자.

쑤르륵

이보게, 친구, 괜찮은가?

벌떡

응, 괜찮아.

저, 그런데 궁금한 게 하나 있는데….

아, 뭔데?

치사하게 혼자만 도망가고…

톡
톡

곰이 동화책처럼 '친구가 위험할 때 도망가는 사람이랑 사귀지 말라'고 진짜 그랬어?

벌러덩…

곰이 진짜로 그랬다고?

아, 진짜로 그랬다니까!

스윽…

내가 언제?

어쨌든, 어려운 일도 함께해야 좋은 친구.

나와 가깝게 사귀는 사람은 누구? 친구.

그럼 친구 중에서도 아주 친한 친구는?

(단짝 친구 | 홀짝 친구)

그래 **단짝** 친구. **단짝**은 **짝꿍**이라고도 해.

나와 나이가 똑같은 친구는 **동갑내기** 친구,

나보다 나이가 어린 친구는 **손아래** 친구.

나와 나이가 같은 친구 •	• 동갑내기 친구
나보다 나이가 많은 친구 •	• 손아래 친구
나보다 나이가 적은 친구 •	• 손위 친구

친구끼리 서로 어깨를 끼고 나란히 있는 건?

(어깨동무 | 허리동무)

동무도 친구랑 같은 말이야.

어릴 때 소꿉놀이하며

같이 놀던 친구는 **소꿉동무**,

길을 함께 가는 동무는 **길동무**.

친구

- **단짝**
  아주 친해 늘 함께
  어울리는 사이.
- **짝꿍**
  아주 친한 사람.

동무

- **어깨동무**
  서로 팔을 어깨에 얹고
  나란히 서는 것.
  비슷한 나이의 친한 동무.

> **정답** 106쪽

친구   단짝 친구, 짝꿍, 동갑내기, 손위 친구, 손아래 친구
               어깨동무, 소꿉동무, 길동무

방귀를 잘 뀌는 내 친구는　•　　　•　수다쟁이야

겁이 많은 내 친구는　　　•　　　•　방귀쟁이야

말이 너무 많은 내 친구는　•　　　•　겁쟁이야

멋을 잘 부리는 내 친구는 멋쟁이,

고집이 센 내 친구는 고집쟁이,

장난치기 좋아하는 내 친구는 개구쟁이.

그럼 겁쟁이와 비슷한 말은?

(먹보 | 겁보)

밥 많이 먹는 내 친구는 먹보,

밥 많이 먹어 뚱뚱하니 뚱보,

뚱뚱해 행동이 느리니 느림보.

잠을 많이 자면　•　　　•　울보

잘 울면　　　•　　　•　잠보

-쟁이

겁쟁이
겁이 많은 사람.

수다쟁이
매우 말이 많은 사람.

고집쟁이
고집이 센 사람.

개구쟁이
장난치기를 좋아하는
사람.

-보

겁보
겁쟁이.

먹보
밥을 많이 먹는 사람.

느림보
행동이 느린 사람.

울보
잘 우는 사람.

잠보
잠이 많은 사람.

정말 사이좋은 친구들이지?

친구들 사이의
따뜻한 마음을 뭐라고 할까?
(우정 | 우박)

따뜻한 마음씨를 한자로는 **정(情)**이라고 해.
사랑하는 따뜻한 마음씨는 애 정 ,
따뜻한 정이 있는 건 **정답다**,
정이 많으면 다 □ 하다.

그럼 따뜻한 정이 없고
차가운 걸 뭐라고 할까? (냉정 | 표정)

情
따뜻한 마음 정

- **우정**(友친구 우 情)
  친구 사이의 따뜻한 마음.
- **애정**(愛사랑하다 애 情)
  사랑하는 마음.
- **정(情)답다**
  따뜻한 정이 있다.
- **다정**(多많다 다 情)
  따뜻한 정이 많음.
- **냉정**(冷차갑다 냉 情)
  따뜻한 정이 없이 차가움.

저런 두루미가 화가 났구나.
사이가 좋은 건 화목.
그럼 사이가 안 좋은 건?
(불화 | 불닭)

和
사이좋다 화

- **화목**(和 睦친하다 목)
  뜻이 잘 맞고 사이가 좋음.
- **불화**(不아니 불 和)
  사이가 좋지 않음.
- **화해**(和 解풀다 해)
  싸움을 끝내고 안 좋은
  감정을 풀어 없앰.

> **정답** 106쪽

화(和)는 '사이좋다'라는 뜻이야.
싸움을 끝내고 다시 사이를 좋게 하는 건? 화해.

67

1 서로 어울리는 것끼리 연결하세요.

아주 친한 친구 •

나이가 똑같은 친구 •

나이가 나보다 어린 친구 •

• 손아래 친구

• 단짝 친구

• 동갑내기 친구

2 다음 중 그림과 설명이 서로 어울리지 <u>않는</u> 것은? (　　)

① 내 친구는 겁쟁이

바퀴벌레 무서워.

쾅

② 내 친구는 수다쟁이

이건 이렇고 저건 저렇고, 그래서 어쩌고 저쩌고.

③ 내 친구는 먹쟁이

난 세상에서 먹는 게 제일 좋아.

④ 내 친구는 느림보

빨리 좀 와.

느릿 느릿

> 정답 106쪽

3 오른쪽 그림과 어울리지 <u>않는</u> 말은? (   )

① 여우와 두루미는 정다워.

② 여우와 두루미는 다정해.

③ 여우와 두루미는 화목해.

④ 여우와 두루미는 냉정해.

콩 한 쪽도 나눠 먹자.

---

4 다음 빈칸에 있는 글씨를 예쁘게 따라서 써 보세요.

· 어릴 때 소꿉놀이하며 같이 놀던 친구는 소 꿉 동무야.

· 우리의 우 정 , 영원히 변치 말자.

---

5 다음 빈칸에 알맞은 말을 예쁘게 써 보세요.

 · 장난치기를 좋아하는 내 친구는 개구 ⬜⬜ .

 · 걔는 말이 진짜 많아. 엄청난 수 ⬜ 쟁이야.

공공장소

공공 도서관은 어떤 곳?

사람들이 많이 모이는 곳에서는 어떻게 해야 할까?

다음 중 많은 사람들이 함께 쓰는 곳이 <u>아닌</u> 것은? (　　　)

초비네 정원은 초비네 식구들만 쓰지만,

나머지 세 곳은 훨씬 많은 사람들이 함께 써.

그림 ②번처럼 많은 사람들이

함께 이용하는 정원을 뭐라고 하지? (공원 | 소원)

이처럼 **공(公)**은 '많은 사람'을 뜻해.

사람들이 많이 이용하는 도서관은 공공 도서관,

많은 사람들이 이용하는 장소는 공공장소.

공공과 비슷한 말은 공중.

많은 사람들이 함께 쓰는 전화　　•	•공중화장실
많은 사람들이 함께 쓰는 화장실　•	•공중전화

公

여러 사람 공

- **공원(公 園정원 원)**
  여러 사람들이 쓰는 정원.
- **공공(公 共함께 공)장소**
  여러 사람들이 함께
  이용하는 장소.
- **공공(公共) 도서관**
  여러 사람들이 함께
  이용하는 도서관.
- **공중(公 衆무리 중)**
  사회의 많은 사람들.
- **공중(公衆)전화**
  많은 사람들이 함께
  쓰는 전화.
- **공중(公衆)화장실**
  많은 사람들이 함께
  쓰는 화장실.

> 정답 106쪽

공 [公]　　　공공장소, 공원, 공공 도서관
　　　　　　　공중전화, 공중화장실

이곳이 어딜까? (공연장 | 공사판)

음악이나 연극을 많은 사람들 앞에서
보이는 곳이 바로 공연장.
공연장도 공공장소니까, 떠들면 안 돼.

공공장소에서 지켜야 할 올바른 자세는?

(공중도덕 | 공중변소)

공중도덕을 안 지키면 많은 사람이 피해를 보게 돼.

오른쪽 광고처럼 많은 사람들의 이익을 위해 하는 광고는?

(공익 광고 | 상업 광고)

저런 나쁜 물질을
막 쏟아 내고 있어.
저렇게 많은 사람에게
해가 되는 건? 공해야.

公
여러사람 공

■ **공연장**
(**公 演**행하다 연 **場**장소 장)
음악이나 연극 등을 여러
사람들에게 보이는 장소.
■ **공중도덕**
(**公 衆**무리 중 **道**길 도 **德**덕 덕)
사회의 모든 사람의
이익을 위해 지켜야 할
예절과 질서.
■ **공익 광고**(**公 益**이롭다 익
廣넓다 광 **告**알리다 고)
많은 사람들의 이익을
위해 하는 광고.
■ **공해**(**公 害**해롭다 해)
많은 사람들에게
해로운 것.

운동 경기를 할 때 꼭 지켜야 하는 건? (규칙 | 응원)

규칙을 어기는 건 반 칙 .

규칙을 어기면 호랑이처럼 **벌칙**을 받아.

이처럼 **칙(則)**은 '규칙'이란 뜻이야.

그럼 학교에서 지켜야 할 규칙은? (교칙 | 교문)

저런 파란불일 때 건너야지.

사람이나 차가 오갈 때에도

지켜야 할 규칙이 있어.

이런 걸 뭐라고 할까?

(교통 법규 | 교통경찰)

정답은 **교통 법규**.

이렇게 법에 어긋나는 일은 **불법**,

법을 잘 지키는 건 준 법 .

則
규칙 칙

- **규칙**(規법규 則)
  여러 사람이 다 함께
  지키기로 한 것.
- **반칙**(反어기다반 則)
  규칙을 어김.
- **벌칙**(罰벌하다벌 則)
  규칙을 어겼을 때 받는 벌.
- **교칙**(校학교교 則)
  학교에서 지켜야 할 규칙.

法
법 법

- **교통 법규**(交서로교
  通통하다통 法 規법규)
  사람이나 차가 오갈 때
  지켜야 할 법이나 규칙.
- **불법**(不아니불 法)
  법에 어긋남.
- **준법**(遵따르다준 法)
  법을 지킴.

> **정답 106쪽**

73

1 서로 어울리는 것끼리 바르게 연결하세요.

•   •   •

•   •   •

공연장   공중전화   공원

---

2 괄호에 들어갈 알맞은 말을 보기에서 찾아 번호를 쓰세요.

보기 : ① 공익 광고   ② 공공장소   ③ 공중도덕

1) 이 공원은 사람들이 많이 모이는 (   )야.

2) 표를 사려면 줄을 서세요. (   )을 지켜야죠.

3) 텔레비전에서 음주 운전의 위험을 알리는 (   )가 방송 중이야.

---

3 오른쪽 그림과 가장 어울리는 말은? (   )

① 공연장이 참 멋지네.

② 공해가 심해.

③ 공중화장실에 사람이 너무 많아.

④ 이 공원은 너무 넓어.

켁, 나 죽네.

4 다음 빈칸에 공통으로 들어가는 말을 오른쪽에 바르게 써 보세요.

1) 축구할 때 손을 사용하는 건 반☐이야.

2) 게임에서 진 사람은 벌☐으로 엉덩이로 이름 쓰기.

3) 학생들이 학교에서 지켜야 하는 규칙은 교☐이야.

---

5 다음 빈칸에 있는 글씨를 예쁘게 따라서 써 보세요.

· 사람이나 차가 오고 갈 때 지켜야 하는 규칙은 교통 법 규 .

· 사람이 많이 모이는 장소에서는 공 중 도덕을 잘 지켜야 해.

---

6 다음 빈칸에 알맞은 말을 예쁘게 써 보세요.

· 많은 사람들이 함께 사용하는 장소가 ☐공장소야.

· 법을 안 지키는 건 불법, 법을 잘 지키는 건 ☐법.

각 기차에는 나머지와 사이가 <u>먼</u> 낱말이 하나씩 들어 있어요.
어느 칸에 있는지 찾아보세요.

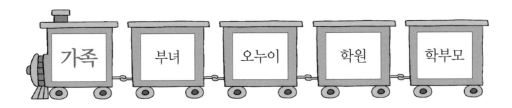

가족 / 부녀 / 오누이 / 학원 / 학부모

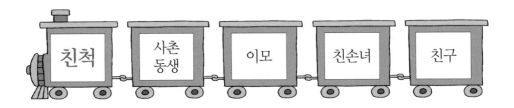

친척 / 사촌동생 / 이모 / 친손녀 / 친구

친구 / 단짝 / 우정 / 짝꿍 / 우표

공공장소 / 공연장 / 공중제비 / 공공도서관 / 공중전화

4장

학교

오늘은 두근두근 입학식 날

3월 2일은 초등학교 입학식 날이야.

8살이 되면 어딜 가지? 학교.

학교의 문	• 　• 교장
학교에서 가장 높은 어른	• 　• 교문

교장, 교문의 '교'는, 학교 교(校).

학생들이 모두 모여
학교 노래를 부르고 있네.
학교의 전체 학생은 전교생,
학교 노래는 교가.
그럼 중학생처럼 학교 다닐 때
똑같이 입는 옷은? 교복.

학교 마치고 돌아오는 하굣길은 언제나 신나.

학교 마치고 집에 돌아오는 건
(등교 | 하교)

아침에 학교 가는 건
(등교 | 하교)

校
학교 교

- **교장**(校 長어른장)
  학교의 최고 어른.
- **교가**(校 歌노래가)
  학교의 노래.
- **교복**(校 服옷복)
  학생들이 입도록
  학교에서 정한 옷.
- **전교생**
  (全전체전 校 生학생생)
  학교의 전체 학생.
- **등교**(登오르다등 校)
  학교에 감.
- **하교**(下내리다하 校)
  학교에서 돌아옴.

> **정답** 106쪽

교(校)	학교, 교장, 교문, 교가 전교생, 등교, 하교

79

學
학교 학

- **입학**(入들어가다 입 學)
  학교에 들어가 학생이
  됨.
- **학년**(學 年해 년)
  학교에서의 1년간의
  과정.
- **학기**(學 期기간 기)
  한 학년을 어떤 기간에
  따라 나눈 것.
- **방학**(放놓다 방 學)
  학기가 끝나고 학교를
  쉬는 것.
- **개학**(開시작하다 개 學)
  학기가 새로 시작되다.
- **전학**(轉옮기다 전 學)
  한 학교에서 다른 학교로
  옮기는 것.

🐾 **학급**
"나는 1학년 3반."
'반'을 학급(學 級등급 급)
이라고 해.

학교에 들어가는 건? (입학 | 수학)

학교에서 공부한 첫 해는 1학년, 그다음 해는 2학년.

입학, 학년의 '학'도 학교 **학(學)**.

3월부터 7월까지 ·	· 2학기
9월부터 12월까지 ·	· 1학기

학기는 한 학년을 어떤 기간으로 나눈 거야.

학기가 끝나고 학교를 쉬는 건 방 학 ,

방학이 끝나고 새로 학기가 시작되는 건 개 .

어, 감자는 학교를 잘못 왔네.

이렇게 학교를 옮기는 건 뭘까?

(전학 | 과학)

가르치는 사람은 선생님.

선생님은 다른 말로 교사라고도 해.

선생님을 뜻하는 교사의 '교'는

가르치다 교(教).

가르치는 일은 교육, 가르치는 방은 □교□실.

그럼 아이들을 가르칠 때 쓰는 책은? □과서.

아이들을 가르칠 때 책을 올려놓는 탁자 • • 교탁

아이들을 가르칠 때 올라서는 단 • • 교단

가르치는 사람은 교사, 그럼 배우는 사람은? 학생.

학(學)은 '학교'란 뜻 말고, '배우다'란 뜻도 있어.

배우는 건 학습, 배운 걸 정리하는 공책은 학습장,

연필, 공책처럼 배울 때 쓰는 물건은 □학□용품.

실제로 가서 보고 배우는 건 견학 또는 현장 □습.

教
가르치다 교

- **교사**(教 師스승 사)
  가르치는 사람.
- **교육**(教 育기르다 육)
  가르치고 기름.
- **교실**(教 室방 실)
  가르치는 방.

學
배우다 학

- **학습**(學 習익히다 습)
  배우고 익힘.
- **학용품**
  (學 用쓰다 용 品물건 품)
  연필, 공책처럼 배울 때
  쓰는 물건.
- **견학**(見보다 견 學)
  실제로 가서 보고 배움.

> **정답** 106쪽

81

1 다음 중 서로 어울리는 것끼리 연결하세요.

학교의 문   ●   ●   교가

학교에서 가장 높은 어른   ●   ●   교문

학교 노래   ●   ●   교장

---

2 괄호에 들어갈 말을 보기에서 골라 그 번호를 쓰세요.

> 보기 : ① 학기   ② 입학   ③ 개학

1) 8살이 되면 초등학교에 (   )하게 돼.

2) 1학년 1(   )가 끝나면 여름 방학이야.

3) 내일까지 겨울 방학이야. 모레는 (   )이지.

---

3 맞는 것에 ○표, 틀린 것에 ✕표 하세요.

1) 학교에 가는 것을 등교라고 해.   (   )

2) 방학의 반대말은 전학이야.   (   )

3) 그 학교에 다니는 전체 학생은 입학생.   (   )

> 정답 106쪽

4 다음 빈칸에 공통으로 들어갈 말을 오른쪽에 바르게 써 보세요.

1) 우리 반은 □생 수가 모두 30명이야.

2) 공부한 내용을 □습장에 잘 써 두자.

3) 연필이나 공책 같은 물건을 □용품이라고 해.

4) 우리 반은 오늘 방송국으로 견□을 갔어.

---

5 다음 빈칸에 있는 글씨를 예쁘게 따라서 써 보세요.

· 전 교 생이 운동장에 모였어.

· 학교를 다니다 다른 학교로 옮기는 건 전 학.

---

6 다음 빈칸에 알맞은 말을 예쁘게 써 보세요.

 · 배우는 사람은 학생, 가르치는 사람은 □사.

 · 내일 우리 반은 미술관으로 현장 학□을 가.

책

교과서를 읽고 공책에 필기하고

학교에서 공부할 때 어떤 책이 필요하지?

책과 관련된 것들이야. 알맞은 것끼리 연결해 봐.

책꽂이　　　책가방　　　　책방　　　　책상

책의 맨 앞뒤의 겉장은 **책 표지**,
책의 종이 한 장 한 장은 **책장**,
책장과 책장 사이는? **책갈피**.

그럼 책벌레는 뭘까? (　　　)

① 책의 종이를 갉아 먹는 벌레　② 책을 너무 많이 읽는 사람

아무것도 안 쓰인 흰 종이로
된 책은 **공책**,
공책에 글 쓸 때 뒷장에
자국이 안 나게 받치는 건?
책받침.

뒷장에 자국이
다 났네.

그러게 날
받쳤어야지.

冊 **책 책**	

■ **책(冊)가방**
책이나 학용품을 넣어서
들거나 메고 다니는 가방.

■ **책(冊)꽂이**
책을 세워서 꽂아 두는
장치.

■ **책상(冊 床상상)**
책을 읽을 때 쓰는 상.

■ **책방(冊 房방방)**
책을 파는 가게.

■ **책(冊) 표지**
책의 맨 앞뒤 겉장.

■ **책장(冊 張펴다장)**
책의 종이 한 장 한 장.

■ **책(冊)갈피**
책장과 책장 사이.

■ **책(冊)벌레**
책을 너무 많이 읽는 사람.

■ **공책(空비다공 冊)**
아무것도 안 쓰인
흰 종이로 된 책.

> **정답** 106쪽

책	책가방, 책꽂이, 책상, 책방 책 표지, 책갈피, 공책, 책받침

학교 수업 시간에
쓰는 책을 뭐라고 하지?
(교과서 | 참고서)

참고서는 공부하다 모르는 것이 있을 때나
숙제할 때 도움을 받는 책이야.

교과서, 참고서의 '서'는, 책 서(書).
책은 도서 또는 서적,
책을 파는 책방은 서 점,
집에서 책을 갖춰 두고 책을 읽는 방은 서재.

그럼 학교에서 책을 많이 모아 두고
학생들이 읽을 수 있게 따로 만들어 놓은 곳은?
(도서실 | 헌책방)

책을 읽는 건 독서,
두꺼비처럼 소리 내어
읽는 건 낭독.

깨진 독을 붙잡고
울던 콩쥐 앞에
두꺼비가
나타났어요.

독서, 낭독의 '독'은 읽다 독(讀).
그럼 책을 읽고 나서 든 느낌을 적는 글을 뭐라고 하지?
그래, 독 후감.

書
책 서

▪ **교과서**
(教 가르치다 교 科 과목 과 書)
학교에서 공부를 가르칠
때 쓰는 책.
▪ **참고서**
(參 헤아리다 참 考 생각하다 고 書)
공부하다 모르는 것이
있을 때 도움을 받는 책.

讀
읽다 독

▪ **낭독**(朗 밝다 낭 讀)
밝게 소리 내어 읽음.
▪ **독후감**
(讀 後 뒤 후 感 느끼다 감)
책을 읽은 뒤의 느낌을
적은 글.

선생님은 글을 읽어 주고,
아이들은 그걸 그대로
공책에 옮겨 쓰고 있네.

이런 걸 뭐라고 하지?
(받아쓰기 | 받아먹기)

받아쓰기가 끝났어.
그런데 뭐가 잘못됐지?
(띄어쓰기 | 날려쓰기)

띄어쓰기를 틀리면
글의 뜻이 이상해져.

수업 시간에 필요한 준비물은 꼭 적어 두어야 잊지 않아.
적는 건 **기록** 또는 **필기**야.

공부한 내용을 기록해 두는 공책　　•	• **필기구**
종이나 연필같이 필기할 때 쓰는 도구　•	• **기록장**

기록, **일기**의 '기'는 쓰다 **기(記)**.
그날 있었던 중요한 일이나 생각을 적는 건, 일 ☐.

記
쓰다 기

▪ **받아쓰기**
선생님이 불러 주는 말을
그대로 적는 일.

▪ **띄어쓰기**
글을 쓸 때 낱말 사이를
띄어서 쓰는 것.

▪ **기록장**
(記 錄적다 록 帳장부 장)
공부한 내용을 써 두는
공책.

▪ **필기**(筆붓 필 記)
받아 적음.

▪ **필기구**(筆 記 具도구 구)
글을 쓸 때 필요한 도구.

▪ **일기**(日날 일 記)
하루 동안 자기가 겪은
일과 생각, 느낌을 매일
적는 글.

> **정답** 106쪽

1 다음 중 그림과 설명이 서로 어울리지 <u>않는</u> 것은? (   )

① 책 표지가 파란색이야.

② 책을 파는 서재야.

③ 나뭇잎이 책갈피에 끼워져 있네.

④ 도서실에서 책을 읽고 있어.

2 다음 중 책을 읽는 것과 관계가 <u>깊은</u> 말은? (   )

① 독사   ② 독약   ③ 독도   ④ 독후감

3 괄호에 들어갈 알맞은 말을 보기에서 찾아 번호를 쓰세요.

> 보기 : ① 낭독   ② 필기   ③ 일기

1) 단비는 동화책을 큰 소리로 (   )하기 시작했다.

2) 선생님이 말씀하신 중요한 내용은 공책에 (   )하는 게 좋아.

3) (   )는 그날 있었던 중요한 일을 적은 글이야.

4 다음 빈칸에 공통으로 들어갈 말을 오른쪽에 바르게 써 보세요.

1) 책은 두 글자로 ☐적이라고 해.

2) 학교에서 수업 시간에 쓰는 책은 교과☐야.

3) 책방은 다른 말로 ☐점이라고 해.

5 다음 빈칸에 있는 글씨를 예쁘게 따라서 써 보세요.

· 숙제를 하다 잘 모르겠으면 참 고 서를 봐.

· 학교에서 받 아 쓰기 시험을 봐서 두 개 틀렸어.

6 다음 빈칸에 알맞은 말을 예쁘게 써 보세요.

· 종이나 연필같이 글을 쓸 때 필요한 도구는 필 ☐ 구야.

· 책을 소리 내어 읽는 건 ☐ 독이야.

장소·행사

밥은 급식실, 아플 땐 양호실

내가 학교에서 제일 높아. 다들 인사 안 해?

쳇, 학교는 가르치고 배우는 데야. 고로 나 같은 교실이 제일 중요하단 말씀.

쳇, 내가 없으면 다 배고파서 칭얼댈걸.

아무리 잘 먹으면 뭐 해? 잘 먹었으면 잘 싸야지.

글쎄다. 항상 건강하기만 할까? 아플 때, 나 없으면 안 될 텐데.

가소로운 녀석들, 내가 누군지나 아냐? 아이들은 날 제일 좋아한다고.

넌 누구야?

난 학교 앞 오락실, 푸하하하.

벌러덩!

넌 학교 안에 있는 방이 아니잖아?

교실, 급식실, 양호실…, 학교에는 여러 방들이 있어.

건물 안은 실내,
실내에 들어왔으면 실내화를 신어야지.

선생님이 아이들을 가르치는 방 ●	● 교실
과학 실험을 배우는 방 ●	● 과학실

영어를 배우는 방은 어학실.
교실, 과학실, 어학실의 '실'은 방 실(室).

책을 읽을 때 가는 방 ●	● 급식실
몸이 아플 때 가는 방 ●	● 양호실
아이들에게 점심을 주는 방 ●	● 도서실

양호실은 보건실이라고도 해.

선생님들이 쉬거나 수업 준비를 하는 방은 **교무실**,
교장 선생님의 방은 **교장실**.

室
방 실

■ **어학실**
(語말어 學배우다학 室)
영어를 배우는 방.

■ **도서실**(圖책도 書책서 室)
책을 읽을 수 있게 만든 방.

■ **양호실**
(養기르다양 護보호하다호 室)
몸이 아플 때 가는 방.

■ **급식실**(給주다급 食밥식 室)
아이들에게 밥을 주는 방.

■ **교무실**(教 務일무 室)
선생님들이 쉬거나
수업 준비를 하는 방.

▶ **정답** 107쪽

장소 　교실, 어학실, 양호실, 도서실
　　　　급식실, 교무실, 교장실

여기가 어디지? (수돗가 | 시냇가)

수도꼭지에서 수돗물이 나오는

수돗가.

수돗물, 수돗가의 '수'는 물 **수(水)**.

수도는 물이 다니는 길이야.

수도꼭지로 물을 올려 보내는 길　•	• 하수도
다 쓴 물이 내려가는 길　•	• 상수도

물을 깨끗하게 해서 먹는 기계야.
오른쪽 기계의 이름은?
(정수기 | 분수기)

찬물은 냉수, 더운물은 온 수 ,

사람이 먹는 물은 식 □ .

물을 위로 세차게 내뿜는 시설　•	• 수족관
물과 섞어 칠하는 물감　•	• 분수대
물에 사는 생물을 기르는 시설　•	• 수채 물감

水
물 수

▸**수도(水**道길도**)**
물이 지나다니는 길.

▸**상수도(上**위상 **水道)**
수도꼭지로 물을 올려
보내는 길.

▸**하수도**
(**下**아래 하 **水道)**
다 쓴 물이 내려가는 길.

▸**정수기**
(**淨**깨끗하다 정 **水 器**기구 기)
물을 깨끗하게 하는 기구.

▸**수족관**
(**水 族**무리 족 **館**집 관)
물에 사는 생물을
기르는 시설.

▸**분수대**
(**噴**뿜다 분 **水 臺**대 대)
물을 위로 세차게
내뿜는 시설.

학교에는 행사도 아주 많아.

학생들이 모여 운동 경기를 하는 행사 •	• 운동회
학생들이 춤, 노래 등을 발표하는 행사 •	• 학예회

운동회, 학예회의 '회'는 모임 **회**(會).

음악을 연주하는 행사는 음악회,

작품이나 물건을 사람들에게 보이는 행사는 전시 회 .

아주 큰 모임은 대회.

누구의 글솜씨가 좋은지 겨루는 대회 •	• 글짓기 대회
누구의 그림 솜씨가 좋은지 겨루는 대회 •	• 사생 대회

학교에서는 모든 학생이

가끔씩 운동장에 모여.

이런 아침 모임은 조□.

會

모임 · 행사 회

▪ **학예회**
(學배우다 학 藝예술 예 會)
학생들이 배운 춤, 노래 등의
예능을 발표하는 행사.

▪ **전시회**
(展펴다 전 示보이다 시 會)
작품이나 물건을
사람들에게 보이는 행사.

▪ **사생 대회**(寫베끼다 사
生나다 생 大크다 대 會)
자연 풍경을 보고 누가
있는 그대로 잘 그리는지
겨루는 대회.

▪ **조회**(朝아침 조 會)
학교에서 아침에 모든
학생들이 다 모이는 것.

> **정답** 107쪽

1 서로 어울리는 것끼리 연결하세요.

●　　　　　　　●　　　　　　　●

●　　　　　　　●　　　　　　　●

급식실　　　　어학실　　　　보건실

2 오른쪽 그림에 대한 설명으로 옳은 것은? (　　　)

① 분수대의 모습이야.
② 온수가 나오고 있어.
③ 정수기의 모습이야.
④ 빨간 화살표는 상수도야.

3 맞는 것에 ○표, 틀린 것에 ×표 하세요.

1) 선생님이 학생들을 가르치는 방을 교무실이라고 해.　　　(　　　)

2) 세수한 물이 내려가는 길은 하수도야.　　　(　　　)

3) 수채 물감은 물감에다 기름을 타서 써.　　　(　　　)

4 다음 중 그림과 낱말이 어울리지 <u>않는</u> 것은? (   )

① 운동회

② 조회

③ 학예회

④ 음악회

5 다음 빈칸에 공통으로 들어갈 말을 오른쪽에 바르게 써 보세요.

1) 학교에서 세수를 하려면 □돗가로 가면 돼.

2) 정□기는 물을 깨끗하게 해 주는 기계야.

3) 뜨거운 온□를 먹을 땐 입을 데지 않게 조심해.

6 다음 빈칸에 있는 글씨를 예쁘게 따라서 써 보세요.

· 학생들이 많이 모여 글짓기 솜씨를 겨루는 건 글짓기 야.

95

그림 그릴 때 어떤 종이가 좋지?

학교에서 쓰는 종이, 어떤 것들이 있지?

종이배   종이비행기   종이학

종이를 접어 여러 가지 물건을 만드는 건 종이접기,

여러 가지 색깔로 물들인 종이는 색종이,

종이 한 장 한 장은 종잇장.

그럼 닥나무 껍질로 만든 우리나라 종이는 뭘까?

(닥종이 | 딱지)

종이

- **종이접기**
  종이를 접어 여러 가지
  물건을 만드는 일.
- **종잇장**
  종이 한 장 한 장.
- **닥종이**
  닥나무 껍질로 만든
  우리나라 종이.
- **모눈종이**
  네모난 눈금이 빽빽하게
  있는 종이. 삼각형, 사각형
  등 도형을 그릴 때 쓴다.
- **거름종이**
  지저분한 것을
  걸러 내는 종이.

흙탕물

난 수학 시간에 써.
가로세로 네모난
눈금이 있지.

난 과학 시간에 써.
흙, 넌 통과 못해.

깨끗한 나만
통과하지롱.

네모난 눈금이 있는 종이는   •   • 모눈종이

지저분한 것을 걸러 주는 종이는   •   • 거름종이

▷ 정답 107쪽

종이   색종이, 닥종이, 모눈종이, 거름종이

골판지

그림 그릴 때
가장 좋은 종이는 무엇?
(도화지 | 골판지)

골판지는 너무 두껍고 거칠어서,

상자 같은 걸 만들 때 써.

도화지, 골판지의 '지'는 한자로, 종이 **지**(紙).

색종이는 색 지 ,

포장할 때 쓰는 종이는 포장 □ .

그럼 옛날부터 내려오는 우리 종이는?

(한지 | 광고지)

紙
종이 지

▪**도화지**
(圖그림 도 畵그림 화 紙)
그림 그릴 때 쓰는 종이.

▪**골판지**(골 板널빤지 판 紙)
포장 상자로 잘 쓰이는
두꺼운 종이.

▪**색지**(色색깔 색 紙)
색종이.

▪**포장지**
(包싸다 포 裝감추다 장 紙)
물건을 쌀 때 쓰는 종이.

▪**한지**(韓한국 한 紙)
옛날부터 내려오는
우리나라 종이.

▪**오선지**(五다섯 오 線선 선 紙)
선이 다섯 개 그려진 종이.
악보를 그릴 때 쓰인다.

▪**재생지**
(再다시 재 生살다 생 紙)
못 쓰는 종이를 녹여
새로 만든 종이.

난 한 장에 200칸.
글 쓸 때 글자 수를
세기 편해.

난 선이 다섯 개.
음표 그릴 때 편해.

못 쓰는 종이를 녹여
새로 만든 종이가 나야.

오선지   재생지   원고지

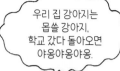

단비는 노래를 엉터리로
부르고 있네.
어디가 틀렸지?
(노랫말 | 조랑말)

초비는 노래를 입으로 부르지 않고 코로 흥얼거리네.

이런 건 [콧]노래.

그럼 노랫말은 두 글자로 뭐지? 가사.

우리나라를 대표하는 노래는 애국가,

학교를 대표하는 노래는 교가.

애국가, 교가의 '가'는 한자로, 노래 **가(歌)**.

| 응원할 때 부르는 노래 | • | • 자장가 |
| 아기를 재울 때 부르는 노래 | • | • 응원가 |

노래

■ **노랫말**
노래에 붙은 글.

■ **콧노래**
입을 다문 채 코로 소리를
내어 부르는 노래.

歌
노래 가

■ **가사**(歌 詞말 사)
노랫말.

■ **애국가**
(愛사랑하다 애 國나라 국 詞)
우리나라를 대표하는 노래.

■ **응원가**
(應응하다 응 援돕다 원 詞)
운동 경기에서 우리 편이
힘을 내도록 부르는 노래.

〉 **정답** 107쪽

99

1 서로 어울리는 것끼리 연결하세요.

•　　　　　　　•　　　　　　　•

•　　　　　　　•　　　　　　　•

거름종이　　　　　색종이　　　　　모눈종이

---

2 다음 그림에 대한 설명으로 <u>틀린</u> 것은? (　　　)

① 오선지　

② 골판지　

③ 원고지　

④ 도화지　

3 **다음 빈칸에 공통으로 들어갈 말을 바르게 써 보세요.**

1) 우리나라를 대표하는 노래는 애국□야.

2) 엄마는 아기를 재우실 때 자장□를 불러 주셔.

3) 이 노래는 노랫말, 즉 □사가 참 좋아.

---

4 **다음 빈칸에 있는 글씨를 예쁘게 따라서 써 보세요.**

· 그림 그리기에 좋은 종이는 │도│화│지야.

· │애│국│가 1절은 "동해물과 백두산이"로 시작해.

---

5 **다음 빈칸에 알맞은 말을 예쁘게 써 보세요.**

 · 못 쓰는 종이를 녹여 새로 만든 종이는 재│　│지.

 · 우리 학교를 대표하는 노래는 교│　│.

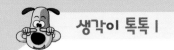

발표문을 읽고, 문제를 풀어 보세요.

안녕하세요?

저는 아울북 초등학교에 다니는 김아울입니다.

장래 희망은 발명가입니다. 발명가가 되어 지구 환경을 보호하기 위해 이산화탄소를 없애는 기계를 발명하고 싶습니다. 저는 발명가라는 멋진 직업을 갖기 위해 열심히 과학을 공부하고 있습니다.

1 **빈칸에 들어갈 낱말을 찾아 써 보세요.**

김아울의 장래 희망은 ☐☐☐ 예요.

2 **밑줄 친 '직업'의 뜻은 무엇일까요? (   )**

① 건강을 지키기 위해 하는 일

② 먹고살기 위해서 하는 일

3 **내가 가지고 싶은 직업에 대해 써 보세요.**

> 정답 107쪽

다음 견학 보고서를 읽고, 문제를 풀어 보세요.

견학 날짜	20○○년 5월 20일 토요일	견학 장소	한지 박물관
견학 내용	오늘은 체험 활동을 하는 날이다. 우리 학년은 한지 박물관으로 체험 활동을 갔다. 한지 박물관에서는 한지로 만든 책, 부채, 상자가 전시되어 있었다. 나는 체험실에서 한지를 직접 만들어 보았다. 너무 재미있었다.		

1 빈칸에 들어갈 낱말을 찾아 써 보세요.

글쓴이네 학년은 ☐☐ ☐☐☐ 으로 견학을 갔어요.

2 이 글을 읽고, 맞는 것에 ○표, 틀린 것에 ×표 하세요.

1) 글쓴이네 학년은 한지 박물관으로 체험 활동을 갔다. (   )

2) 글쓴이는 나무로 만든 책, 부채, 상자를 구경했다. (   )

3) 글쓴이는 한지 박물관에서 구경만 하다 왔다. (   )

3 한지로 만든 작품이 아닌 것을 찾아 ○ 하세요.

4 밑줄 친 '체험하다'의 뜻은 무엇일까요? (   )

① 자기가 직접 해 보다.

② 다른 사람을 시키다.

정답

일하다

기본 어휘 · 7

- 집을 짓고 먹이를 모으는 개미 ╳ 일벌
  집을 짓고 꿀을 치는 벌 / 일개미
- ■ 궂은일

■ ① 일거리가 쌓여 있다

확장 어휘 · 8~9

- ■ 대충대충, 빈둥빈둥
- ■ 구슬땀
- ■ ② 근로자의날

- ■ 쉬운 일은 ── 수월한 일
  힘든 일은 ── 까다로운 일
- ■ 피로

일하러 나가다 / 일터에서 돌아오다
퇴근 ╳ 출근

어휘 확인 · 10~11

❶ ③

❸ 1) ○ 2) ○ 3) ×

❺ ③ 일요일

❷ 애쓰다, 빈틈없이, 구슬땀

❹ 로

❺ 일터

만들다

기본 어휘 · 13

돌로 된 재료 / 목재
나무로 된 재료 / 철재
쇠붙이로 된 재료 / 석재

반찬 만들 때 쓰는 재료 / 이야깃거리
국을 끓일 때 쓰는 재료 / 찬거리
이야기를 해 줄 만한 재료 / 국거리

확장 어휘 · 14~15

- ■ 공구
- ■ 악기
- ■ 작업하는 장소 ╳ 작업모
  작업할 때 입는 옷 / 작업장
  작업할 때 쓰는 모자 / 작업복

- ■ 기구
-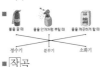
  물을 끓일 때 / 물을 멀리까지 뿌릴 때 / 물을 깨끗하게 할 때
  정수기 ╳ 분무기 ╳ 소화기
- ■ 작곡

어휘 확인 · 16~17

❶ 1) ① 목재 2) ② 찬거리 3) ③ 옷감

❷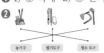
농기구 / 필기도구 / 청소 도구

❸ 1) × 2) ○ 3) ○

❹ ③

❻ 소화기, 작품

손

기본 어휘 · 19

- ■ 손목, 손바닥, 손등

- ■
  손가락질 / 손뼉 / 손짝지

확장 어휘 · 20~21

- ■ 손으로 뭘 잘 만들어 내는 솜씨 / 손질
  손으로 만져 다듬는 것 ╳ 손재주
- ■ 수공예

- ■ 일손
- ■ 박수

어휘 확인 · 22~23

❶ ① 집게손가락

❸ 수

❷ ② 손질

❺ 손재주, 수공예

백·천·만

기본 어휘 · 25

- ■ 농사짓는 사람 / 나무꾼
  장사하는 사람 / 사냥꾼
  사냥하는 사람 ╳ 농사꾼
  땔나무를 하는 사람 / 장사꾼

- ■ 파수꾼
- ■ 부

확장 어휘 · 26~27

- ■ ① 그림 그리는 일을 하는 사람
- ■ 예술가
- ■ 작가
- ■ 농사짓는 일은 / 공업
  공장에서 물건을 만드는 일은 ╳ 상업
  장사하는 일은 / 농업
- ■ 휴업

- ■ 노래의 곡을 쓰는 사람은 / 작사가
  노랫말을 쓰는 사람은 ╳ 작곡가
-
  기업가 ╳ 발명가 ╳ 건축가

어휘 확인 · 28~29

❶
장사꾼 / 농사꾼 / 사냥꾼

❷ ③ 파수꾼

❸ ① 개업

❹ 가

❻ 목축업, 휴업

어휘랑 놀자 · 30

근로 / 국거리 / 공구 / 어부
농사꾼 / 출근 / 목재 / 농기구
필기도구 / 발명가 / 퇴근 / 석재
옷감 / 청소 도구 / 작가 / 과로

말

기본 어휘 · 33

- ■ 반말, 높임말

- ■ 혼자서 중얼거리는 말 / 귓속말
  남의 귀에 대고 소곤대는 말 ╳ 혼잣말
  무엇을 알리기 위해 세워 놓은 말뚝 ── 푯말

확장 어휘 · 34~35

- ■ 말씨, 말조심, 말다툼

- ■ 단어

- ■ 말을 분명하지 않게 끝맺다 ── 말끄트를 흐리다
  남이 말할 때 끼어들다 / 말벗이 되다
  서로 이야기를 주고받는 친구가 되다 / 말참견하다

- ■ 중국어
- ■ 용어

어휘 확인 · 36～37

❶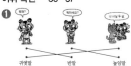
귀엣말　반말　놀임말

❷ ② 말벗

❸ ④ 말귀가 어둡다

❹ ④ 말

❺ 용어

이야기

기본 어휘 · 39

■ 옛이야기, 옛날이야기 둘 다 정답　■ 이야깃거리

■ ① 이야기 꽃을 피우다

확장 어휘 · 40～41

■ 소곤소곤

■ 말싸움 할 때는　　　　도란도란
　사이좋게 이야기할 때는　투덜투덜
　혼자서 불평할 때는　　　티격태격

■ 전화

■ 떠듬떠듬

■ 동화

■ 통화

■ 외국어로 이야기를 나누는 건　수화
　손짓으로 이야기를 나누는 건　회화

어휘 확인 · 42～43

❶
이야깃거리 — 이야기를 재미있게 잘하는 사람
이야기꾼 — 이야기를 들려줄 만한 재료
이야기꽃 — 즐겁게 이야기를 나누는 모습

❷ ④ 또박또박

❸ 화

❺ 대화, 이야기꽃

글

기본 어휘 · 45

■ 쓴 글자의 모양　　붓글씨
　붓으로 쓴 글씨　　글공부
　글을 배우는 것　　글씨

■ ① 글의 내용이 되는 재료

확장 어휘 · 46～47

■ 천자문

■ 자막　진자

■ 자기 잘못을 뉘우치며 쓰는 글　광고문
　물건의 좋은 점을 알리기 위해 쓰는 글　반성문

■ 오자

■ 문자

■ 문구점

■ 문장 부호

어휘 확인 · 48～49

❶ ③ 보글보글

❸ ④ 점자

❹ 문

❺ ④ 글감은 단비야.

❷
자막　자판　오자

❼ 작문, 물음표

어휘랑 놀자 · 50

가족

기본 어휘 · 53

■ 친구 칠복이, 유치원 선생님, 옆집 아줌마

형제　자매　남매

확장 어휘 · 54～55

■ 계모

■ 부전자전

■ 가훈

■ 엄마의 언니나 여동생　고모
　아빠의 누나나 여동생　이모

■ 가족

■ 장롱, 탁자같이 집에서 쓰는 기구　자가용
　냉장고, 세탁기처럼 집에서 쓰는 전기 제품　가구
　집에서 쓰는 자동차　　가전제품

어휘 확인 · 56～57

❶
어버이	선생님	맏형
오누이	자매	막냇동생
모녀	친구	꼬마

❷ ② 이모

❸ ② 부전자전

❹ 가

❺ 귀가, 삼 남매

친척

기본 어휘 · 59

■ 아빠의 아빠　　친할아버지
　엄마의 아빠　　외할아버지

■ 손자 · 손녀

■ 아빠의 엄마　　외할머니
　엄마의 엄마　　친할머니

■ 친할아버지, 친할머니한테 우리는?　외손자, 외손녀
　외할아버지, 외할머니한테 우리는?　친손자, 친손녀

확장 어휘 · 60～61

■ 고모

■ 조카

■ 외삼촌

■ 아빠의 형이나 남동생　외삼촌
　엄마의 오빠나 남동생　친삼촌

■ 큰아버지의 집　작은집
　작은아버지의 집　큰집

■ 이모

■ 외갓집

어휘 확인 · 62~63

❶ ④

❷ ② 외손자

❸ 엄마의 오빠 —— 외삼촌
아빠의 누나 ⤬ 이모
엄마의 여동생 ⤬ 고모

❹ ③ 조카

❺ 1) ② 큰집 2) ③ 작은집 3) ① 외갓집

❻ 친할아버지, 외할아버지

친구

기본 어휘 · 65

■ 단짝 친구
■ 어깨동무

■ 나와 나이가 같은 친구 —— 동갑내기 친구
나보다 나이가 많은 친구 —— 손아래 친구
나보다 나이가 적은 친구 —— 손위 친구

확장 어휘 · 66~67

■ 방귀를 잘 뀌는 내 친구는 —— 수다쟁이야
겁이 많은 내 친구는 —— 방귀쟁이야
말이 너무 많은 내 친구는 —— 겁쟁이야

■ 겁보

■ 힘을 많이 자랑 —— 울보
잘 울면 —— 힘보

■ 우정

■ 냉정

■ 다정하다

■ 불화

어휘 확인 · 68~69

❶ 아주 친한 친구 —— 손아래 친구
나이가 똑같은 친구 ⤬ 단짝 친구
나이가 나보다 어린 친구 —— 동갑내기 친구

❷ ③ 내 친구는 먹쟁이

❸ ③

❺ 개구쟁이, 수다쟁이

공공장소

기본 어휘 · 71

■ ④

■ 공원

■ 많은 사람들이 함께 쓰는 전화 —— 공중화장실
많은 사람들이 함께 쓰는 화장실 —— 공중전화

확장 어휘 · 72~73

■ 공연장
■ 공익 광고
■ 교칙

■ 공중도덕
■ 규칙
■ 교통 법규

어휘 확인 · 74~75

❶
공연장 공중전화 공원

❷ 1) ② 공공장소 2) ③ 공중도덕 3) ① 공익 광고

❸ ②

❹ 칙

❺ 공공장소, 준법

어휘랑 놀자 · 76

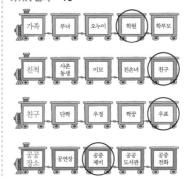

학교

기본 어휘 · 79

■ 학교의 문 —— 교장
학교에서 가장 높은 어른 —— 교문

■ 하교, 등교

확장 어휘 · 80~81

■ 입학

■ 3월부터 7월까지 —— 2학기
9월부터 12월까지 —— 1학기

■ 개학

■ 전학

■ 교과서

■ 아이들을 가르칠 때 책을 올려놓는 탁자 —— 교탁
아이들을 가르칠 때 올라서는 단 —— 교단

■ 현장학습

어휘 확인 · 82~83

❶ 학교의 문 —— 교가
학교에서 가장 높은 어른 ⤬ 교문
학교 노래 ⤬ 교장

❷ 1) ② 입학 2) ① 학기 3) ③ 개학

❸ 1) ○ 2) × 3) ×

❹ 학

❺ 교사, 현장 학습

책

기본 어휘 · 85

책꽂이 책가방 책방 책상

■ ② 책을 너무 많이 읽는 사람

확장 어휘 · 86~87

■ 교과서
■ 받아쓰기
■ 일기

■ 도서실
■ 띄어쓰기

■ 공부한 내용을 기록해 두는 공책 —— 필기구
종이나 연필같이 필기할 때 쓰는 도구 —— 기록장

어휘 확인 · 88~89

❶ ② 책을 파는 서재야.

❷ ④ 독후감

❸ 1) ① 낭독 2) ② 필기 3) ③ 일기

❹ 서

❻ 필기구, 낭독

장소·행사

기본 어휘 · 91

- ■ 선생님이 아이들을 가르치는 방 —— 교실
  과학 실험을 배우는 방 —— 과학실

- ■ 책을 읽을 때 가는 방 ✕ 급식실
  몸이 아플 때 가는 방 ✕ 양호실
  아이들에게 점심을 주는 방 ✕ 도서실

확장 어휘 · 92~93

- ■ 수돗가

- ■ 수도꼭지로 물을 올려 보내는 길 ✕ 하수도
  다 쓴 물이 내려가는 길 ✕ 상수도

- ■ 정수기

- ■ 식수

- ■ 물을 위로 세차게 내뿜는 시설 ✕ 수족관
  물과 섞여 침하는 물감 ✕ 분수대
  물에 사는 생물을 기르는 시설 ✕ 수채 물감

- ■ 학생들이 모여 운동경기를 하는 행사 —— 운동회
  학생들이 춤, 노래 등을 발표하는 행사 —— 학예회

- ■ 누구의 글 솜씨가 좋은지 겨루는 대회 ✕ 글짓기 대회
  누구의 그림 솜씨가 좋은지 겨루는 대회 ✕ 사생 대회

- ■ 조회

어휘 확인 · 94~95

❶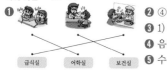

급식실 — 어학실 — 보건실

❷ ④

❸ 1) ✕ 2) ○ 3) ✕

❹ 음악회

❺ 수

미술·음악

기본 어휘 · 97

■

종이배 — 종이비행기 — 종이학

- ■ 닥종이

- ■ 네모난 눈금이 있는 종이는 —— 모눈종이
  지저분한 것을 걸러 주는 종이는 —— 거름종이

확장 어휘 · 98~99

- ■ 도화지
- ■ 한지
- ■ 노랫말

- ■ 포장지

- ■ 응원할 때 부르는 노래 ✕ 자장가
  아기를 재울 때 부르는 노래 ✕ 응원가

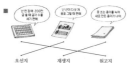

오선지 — 재생지 — 원고지

어휘 확인 · 100~101

❶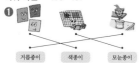

거름종이 — 색종이 — 모눈종이

❷ ②

❸ 가

❺ 재생지, 교가

생각이 톡톡 1 · 102

❶ 발 명 가

❷ ② 먹고살기 위해서 하는 일

❸ 예시

> 나는 세계를 여행하는 유튜버가 되고 싶다. 나는 새로운 곳에 가서 사람들을 만나는 것을 좋아한다. 세계를 여행하면서 새로운 풍경을 보고, 새로운 음식도 먹어 보고, 새로운 사람들을 만나고 싶다. 유튜버는 좋아하는 일을 하면서 돈도 벌 수 있는 좋은 직업인 것 같다.

생각이 톡톡 2 · 103

❶ 한 지 박 물 관

❷ 1) ○ 2) ✕ 3) ✕

❸

❹ ①

예비 4단계 완료!

예비 단계 모두 완료!

107

문해력 잡는 초등 어휘력 예비 단계 ④

글 채희태 윤대영 이성림 이은아 김진철
1팀 우리휘

1판 1쇄 인쇄 2025년 1월 16일
1판 1쇄 발행 2025년 1월 31일

펴낸이 김영곤 펴낸곳 ㈜북이십일 아울북
프로젝트2팀 김은영 권정화 김지수 이은영 우경진 오지애 최윤아
아동마케팅팀 명인수 손용우 양슬기 이주은 최유성
영업팀 변유경 한충희 장철용 강경남 김도연 황성진
표지디자인 박지영 임민지

출판등록 2000년 5월 6일 제406-2003-061호
주소 (우 10881) 경기도 파주시 문발동 회동길 201
연락처 031-955-2100(대표) 031-955-2122(팩스)
홈페이지 www.book21.com

ISBN 979-11-7357-040-7
ISBN 979-11-7357-036-0(세트)

• 제조자명 : (주)북이십일	• 제조연월 : 2025. 01. 31.
• 주소 : 경기도 파주시 회동길 201(문발동)	• 제조국명 : 대한민국
• 전화번호 : 031-955-2100	• 사용연령 : 3세 이상 어린이 제품